もっと／思いやりを科学する

向社会的行動研究の半世紀

菊池章夫 著

川島書店

ここまで
いっしょに
来たひとに。

目　次

1 思いやりの問題……1
2 向社会的行動とは……17
3 アイゼンバーグに学ぶ……39
4 座談会／思いやり研究をめぐって……49
5 思いやりの心のなかは……77
6 思いやり行動と性格……87
7 思いやりに欠けるということ……99

8 思いやりを育てる 109
9 共感：自己意識的感情として 121
10 積極的「傍観者」の話 145
11 思いやり研究の半世紀 167
作った本たち 179
(付) 著作一覧 213
初出・コメント・文献 217
あとがき 225

1 思いやりの問題

思いやりとは

　私の研究室にときどき顔をみせる男の学生が、この夏休みに小さな実験をした。この学生は美術科の学生なので、絵具箱を片手にもう一方の手にはカンバスをかかえて、国道の交差点で信号の変わるのを待っている。絵具箱にはしかけがしてあって、隣に立って信号を待っている人がいる時に箱があいて、絵具が路上にちらばるようになっている。その時に、あわてて絵具を拾いにかかるこの学生を助けてくれる人がいるのか、その人は男性か女性か、年齢はどれくらいの人なのか、といったことがこの実験で知りたいことである。

　ところが、この学生の報告したところでは、二〇人ほどの人について実験をくりかえしたが、助けの手をさしのべてくれた人は一人もいなかった。その人たちが散らばった絵具に気づいていることは、目をあらぬ方にそらしたり、そこから遠ざかろうとする行動を示したりしたことから明らかであったが、手を貸してくれた人は一人としていなかったのである。この学生はかなりショックを受けて、子どもならこうはなるまいというわけで、小学校の近くの交差点に場所を移して同じ実験を続けてみた。しかし結果は同じで、小学生の場合にもいっしょに絵具を拾ってくれた子どもはいなかったのである。大学を出たら教師になろうとして勉強をしているこの学生は、大人はともかくとして、子どもにも思いやりが失われていることを知った、とレポートに書いてきた。

この学生がこうした実験をしたのは、私の「思いやりの心理」という講義をきいたからである。私はこの講義で、自分の翻訳したアメリカの心理学者の本を材料にして、思いやり行動（向社会的行動 prosocial behavior と呼ばれることが多い）の研究法の話をしたが、その中にこの学生のやったように、自然の場面で思いやり行動を観察するというやり方があったのである。このタイプの実験は、結局は他人をだますことになるのでいろいろと批判も多いが、こうした方法でわかることも少なくない。

交差点で絵具を集めにかかっている学生をみれば、たいていの人は手伝ってやろうかなという気を起こすはずである。しかし実際には、小学生であっても手助けをしてくれた者はいないということになると、どこに問題があるのだろうか。自分以外にも助けてやれる人がいると考えたのか、手を出すのが気はずかしかったのか、大人だから一人で大丈夫だと思ったのか。ひとりひとりにきいてみればぼ、助けたいという気持が全くなかったという人はいないであろうが、それが実際の行動にならなかったのはどうしてなのだろうか。

この場合でわかるように、私たちは「思いやりの心」をみることはできない。みることのできるのは、思いやりの心によって起きた思いやり行動である。この行動（向社会的行動）の特色は、第一に他人に対する援助であるというところにある。助けを求めたり、困っていることがはっきりしている相手に、何かのかたちで援助をすることが思いやり行動であるといってよい。第二には、この援助は相手からの物質的なお礼を期待したり、後でうまいことがあると考えたりしてなされるものであっては困る。良いことをしたという気持をもったり、自信がついたりすることはいいとして、お礼が目当てでは思いやりから出た行動とはいえない。第三に、このタイプの行動は他人からいわれていやいやするのではなく、自分からすすんでやるものである。義理や行きがかり上やられる行動ではなく、自発的にされる場合に思いやり行動といえる。第四には、ある種の損失（コスト）がこの行動には伴っている。悩んでいる人の話相手になれば自分の大切な時間をそれだけ使うことになるし、献金をする場合には自分のお金がへることになる。

思いやりのしくみ

このように考えてくると、思いやり行動には実にさまざまな行動があることがわかる。川でおぼれている子どもを救う場合、ケガをした友人にクスリをつけてやること、いじめられている子どもの味方になってやること、赤いハネの募金に応じて献金をすること、忘れ物をした友達に自分の持ち物を貸してやる場合、急病で困っている老人を家まで送りとどける場合。こうして挙げてくると、思いやり行動が求められている場合がいかに多いかということに気づかされると同時に、その場面がさまざまであることもわかる。

おおざっぱにいって、思いやり行動が必要とされる場面は二つのタイプに分けることができる。そのひとつ（非危急的場面）は、赤いハネの募金や忘れ物、散らばった絵具といった場合で、この場合にはそこでとられなくてはならない行動ははっきりしている。その行動をとらないと大へんなことになるとか、いそいでそれをやらなくてはならないということは少ない。もうひとつの場合（危急的場面）は、おぼれている子を救うとか急病の老人に出会うとかいう場合であって、この場合にはいそいで行動をとらなくてはならないのに、どういうことをやればよいのかがはっきりしないことが多い。また、自分の方にも危険が及んでくることがあるし、なにしろあまり出会ったことのない場面である。思いやりの心のある人は、赤いハネの募金にも応じるし、おぼれている子どもをみれば助けようとする、忘れ物をするとすぐ貸してくれる、という具合に必ずしもならないことがあるのは、思いやり行動がその場の事情によって大きく左右されるためである。絵具を拾ってくれない人も、相手がケガをしてうめいていれば、声をかけることが多くなるかもしれない。

このような場面のちがいの中には、周囲に人がいるかいないかということも大きなはたらきをする。おぼれた子をみつけても、周囲にたくさんの人がいれば誰かがやるだろうと考えるのは自然である。しかし自分一人であれば、たとえ自分が泳げない場合でも、何かをやらないわけにはいかない。このこととならんで、助けを求めている人がどういう人であるかも重要である。募金係がむくつけき男性である場合と若い女性であるときとでは、結果は明らかに別のものになる。相手が知り合いの人である場合とそうでない場合とでは、私たちはちがった行動をすることが多い。さらには、思いやりのある行動がとられるかどうかはその社会によってちがうことがある。極端な話をすれば、自分の口に入れることのできる食物もあまり十分でない社会では、他人への思いやりどころではないだろう。同じ社会の中でも時代が変われば、人びとの考え方が変わり、時代の風潮が変わってくるということもある。最近では農村でも、お互いにあいさつをかけ合ったり助け合ったりすることは少なくなっている。自分のことだけに関心が向き、自分の家族がよければそれでよいとする風潮がひろがっている。私たちが思いやりということを口にするようになったことには、このような社会的背景がある。

思いやりのある行動がとられるかどうかが、実にいろいろな条件によって左右されることをみてきた。このタイプの行動を必要とする場面にはちがいがある（危急的か非危急的か）し、自分以外の人がその場に居合わせているかどうか（状況的条件）も大切である。助けを必要とする人がどういう人であるか（相手の特徴の条件）によって、思いやり行動がされたりされなかったりすることがあるし、別々の行動がとられることもある。ある社会や時代では、思いやりをもつことが当たり前になっているのに、別の社会や時代では、こうしたことは例外的なことであったり、むしろ避けられることであったりする（社会的条件）。

思いやりの心

思いやりの心は私たちの目にはみえず、みえるのは思いやり行動であるといったが、この行動を支えているしくみとして「思いやりの心」はやはりあると考えた方がよい。同じ場面に出会っても、ある人は思いやりのある行動をするのに別の人はそうではないということがあるのは、この思いやりの心のちがいからくることであろう。子どもに思いやりのある行動を身につけてもらいたいのであれば、この思いやりの心のしくみを考えて、それからそれを育てる方法を考えることが必要になる。

思いやりの心はまず「他人の顔色が読める」というところから始まる。こういうと、大人の顔色を気にしてばかりいるオドオドした子どものことを考えるかもしれないが、ここでいいたいのはそういうことではない。相手がいま喜んでいるのか、悲しんでいるのか、あるいは苦しがっているのかということがわからなくては、思いやりは始まらない。このように他人の感情の状態を正しくとらえて、それを「喜んでる」とか「困ってる」とかいうかたちでまとめることができなくてはいけない。心理学では、こうした問題は対人認知とか表情認知の研究というかたちでとりあげられているが、その結果によると、この意味での「他人の顔色を読む」力は四歳から五歳にかけて急に伸びてくることがわかっている。このころになると、子どもたちが相手の表情を読む力は、大半の場合に大人たちと同じようなものになるのである。

思いやりは他人の表情を読み、その気持を知るところから始まるが、それだけでは十分ではない。「他人の立場に立って」、その相手と同じような考え方をしたり、行動のしかたを頭の中に描いてみることが大切である。相手が喜んでいるのであれば、そういうときにはどんなことを考えるのか、どんなことをしようとするのか。何か困った問題をかかえているのであれば、相手はいまどういうことを考え、それをどう解決しようとしているのか。その場合に、この相手はどんな気持になっているのだろうか。こうしたことについて予想がついたり想像をめぐらしたりする力が、思いやりには欠かせないことである。

相手の考えていることの中には、相手が自分にどんなことをしてもらいたいと思っているかということや、それをしてやった場合に相手がどんな気持になるかといったことも含まれている。いっしょに喜んでもらいたいのだろうか、話をきいてもらいたいのだろうか、何か私に手助けをしてほしいのだろうか。もし手助けをしたならば、この相手はどんな気持になるのだろうか。こう考えてくると、ここでいう「他人の立場に立つ」ということがたいへんに複雑なことであることがわかる。小さな子どもでは自分と他人という考え方ができないだろうし、自分の気持だけで相手の気持をおしはかってしまうことも多い。六歳よりも小さな子では、自分と他人とはちがうことはわかっても、相手の立場に立って考えたり感じたりすることはむずかしい。八歳をすぎると、自分の考えや感情を反省したり、他人がそれをどう受けとめるかという予想を立てたりすることが、だんだんにできるようになる。しかし大人と同じ意味で「他人の立場に立つ」ことができるようになるのは一二歳あたりになってからである。

相手の立場に立つということの中には、相手の感じている気持を自分も同じように味わうということが含まれている。友達と喜びを共にしたり、母親の悲しみを自分のものとしたりすることは、思いやりのある行動ができるかどうかを左右する重要な条件である。この点については、小さな子ども（一歳くらい）でもこうした体験がみられることがある。泣いている子どもがいると、そばにその子の母親がいる場合でも、自分の母親にその子をなぐさめさせようとしたり、自分の大好きなオモチャをもってきてその子にやろうとしたりする。この年齢では自分と他人との区別ができているわけではないが、相手の子の悲しい気持が自分にまっすぐに伝わってきて、自分が悲しい気持になったときにしてもらいたい行動をとろうとするのだろう。自分と他人の区別がはっきりしてくれば、この行動はもっと「相手の立場に立った」ものになっていくことはたしかである。

思いやりを育てる

相手がいま困っているのか、喜んでいるのかがわからなくてはいけない。困ったり喜んだりしている相手が何を考えているのか、どういうことを自分にやってもらいたいと思っているのか、さらにはこうした予測をもとにしてあることをした場合に、いったい相手はどう感じるのだろうか、ということも知らなくてはならない。相手が困ったり喜んだりしている気持と同じような気持が、自分の中にも起きてこなくてはいけない。思いやりの心をもつということは、こうした三つのことを含んだことなのだということを述べた。

この考え方を使えば、困ったり喜んだりしている相手の「顔を読む」練習をしたり、その場合の相手の考えや気持を「相手の立場に立って」予測してみたりすれば、思いやりの心をもつようになるといえよう。私たちは小さなころからの経験の中で、相手の顔を自然に読めるようにはなっているが、そのことが上手な人もいれば下手な人もいる。もっとこのことを意識的にやってみたらどうなるのだろうか。私たちの考えや気持は、自分の置かれた立場によってたいへんにちがったものになる。他人の話をきいている際には、何て面白くもない話をする人だろうと思っていても、いったん自分がみんなの前で話をする経験をすることになると、そうそう面白い話ができるわけではないことに気づく。このそして面白くない話もしなくてはならない人に、同情の気持もわいてこようというものである。このように自分とはちがった立場に立っていろいろとやってみることを、お互いにやってみたらどうなのだろうか。

相手の顔を読んだり気持に気づかせたりするやり方は「ラベリング（命名法）」と呼ばれている。たとえば、思いやりにあふれた行動がたっぷり含まれたテレビ番組をみせて、その後で話し合いをする。話し合いの中では、テレビの登場人物の気持を推測させたり、どうしてそういう推測をしたのかを話し合わせたりする。ある場合には指人形を使ってテレビ番組の一部を再現して、そこでの登場人物の気持を話し合ってみたりもする。こういうやり方は、結局のところ他人の表情に気づかせたり、表情の変化を手がかりにして他人の気持を推測させたりしようということである。このような実験をやってみると、この実験に参加した子どもたちは、テレビ番組をみただけの子どもよりも、思いやりのある行動をとるようになっていたという。「きょうはどうもごくろうさん」といわれて先生からもらったキャンディを、この子どもたちはよその子に分けてやることが多かったのである。話し合いの中で他人の気持に気づくようになったことが、よその子にキャンディを分けてやる場合にも及ぼされていて、思いやりの気持が深まったのであろう。

他人の立場に立って考えたり感じたりする経験をさせるやり方は、「役割演技法」といわれている。ある実験では、子どもたちが毎日二五分ずつ一〇日間、ミニ・ドラマをやっている。このドラマは子どもたちに、自分とはちがった立場に立つ経験をさせようというもので、たとえば五人の子どもにフットボールの入場券が四枚しか与えられていないといった場面を合んだものである。この場合一人の子どもはこの入場券をくばる係で、ほかの四人はそれをもらう（可能性のある）係になる。一枚を自分のためにとれば、残った三枚をどうにかして四人に分けなくてはならない。四人に一枚ずつやると、自分はフットボールをみにいけなくなってしまう。実験者は子どもたちのそばにいて、「どうしてそうきめたの」とか「もらえない人はどう思うかな」といった少し意地のわるい質問をする。この質問は思いやりのある（ない）行動をする自分や、喜んだり、がっかりしたりしている相手の気持に気づかせようとするためのものである。時には途中で立場を交代して、入場券をくばる係の子がそれをうけとる係になったり、その逆になったりということもやってみる。こうなると完全に、それまでとはちがった（利害の対立する）立場に立って考えたり感じたりすることになるわけで、子どもたちの気持は混乱したものになる。

思いやりのしつけ

この場合にも、「他人の立場に立つ」経験をした子どもたちは、ごほうびとしてもらったキャンディをよその子どもたちに分けてやることが多かった。ドラマの途中で別の係に移った子どもの場合には、特にそうしたことがいえたのである。入場券を分けてやる立場での気持とそれをうけとる立場での気持のちがいを経験した子どもたちは、いっそう他人の気持に気づくようになり、思いやりの気持がつよくなったのであろう。このような実験の結果はいかにももっともらしいが、その時だけのものではないかとか、そんなにうまくいくものかとかいった感じもする。この点では、毎日の家庭や学校でのしつけの中で、子どもたちがどんな経験をしているのかを考えた方がよいといえる。どんなタイプのしつけを受けている子どもが、より思いやりのある行動をしやすいのだろうか。

しつけのタイプの分け方にはいろいろなやり方があるが、ここではそれを三つに分けたい。第一のしつけは「ゴッン・パチン型」とでも呼べるもので、多くの親が愛用しているものである。いけないことをするとゴツンとゲンコをくらわしたり、パチンとお尻をたたいたりする。親からみて良いことをやらせようとして、物を買ってやる約束をしたり、旅行につれていったりする。第二は「知ラナイヨ型」で悪いことをすると口もきいてやらなかったり、「うちの子じゃないよ」といったりする。子どもがあやまったり話しかけたりしても、それを無視したりきかないふりをしたりする。第三は「考エテゴラン型」で、困ったことをしたときには迷惑をかけた相手の気持を考えさせたり、自分のやったことの意味を反省させたりするやり方である。「大切にしてたオモチャこわされちゃって、あの子どう思ってるんだろ」とか「お母ちゃんとっても大切にしてたのよ」といったいい方がこれに当たる。

ある研究では、クラスの仲間から思いやりのある子だと評価されている程度とこの三つのしつけのタイプとの関係が調べられている。「困っているとすぐ助けてくれる」「いじめられている子がいると味方になる」といった思いやりのある行動をすると評価されている子は、両親から「考エテゴラン型」のしつけを受けている子に多く、「ゴッン・パチン型」では少なかった。(「知ラナイヨ型」では、はっきりした関係がみられていない。) 相手の気持に目を向けさせようとする「考エテゴラン型」のしつけは思いやりの心をつよめるし、力や物でしつけをしようとする「ゴッン・パチン型」では思いやりの気持は育たないようである。

考えてみると、ここでいう「考エテゴラン」タイプのしつけでは、相手の気持に気づかせるという点で、「ラベリング」や「役割演技」の要素がそこに含まれているといえる。「大切なオモチャこわされちゃって、どう思ってるんだろ」ということは、相手の子の気持を推測させようとしているし、以前にした自分の経験に注意を向けさせようとしている。「お母ちゃんとっても大切にしていたのよ」というい方は、「どうして大切なんだろ(オバアちゃんからもらったからなんだな)」というかたちで、相手の立場に立って考えたり感じたりすることを求めているものともいえよう。この意味では、前にみたラベリングや役割演技の実験は、家庭でやられているしつけの中味とその影響を明らかにしてくれたものである。いけないことをしたという結果だけを問題にしてしつけをするのではなく、なぜそういうことをしたのか、そのことがどんな迷惑を相手に与えているのか、相手はどんな気持でいるのか、といったことを考えさせることを含めてしつけをしていきたい。

両親や教師などの大人の影響力は、しつけの点にみられるだけではない。子どもたちが思いやりのある行動をするかどうかは、身近に思いやりのモデルがあるかどうかによって大きく左右される。クラスの仲間から思いやりがあると評価されている子どもの親について調べてみると、親たち自身が「他人の気持に思いやりを示す」「他人を助けるために自分のやり方をひかえる」といった価値観をもっていることが多いことが報告されている。こうした答えをした親たちは、それを口にするだけでなく行動でも示すことが多いから、子どもにとって思いやりのモデルとなると考えられる。

思いやりの社会

このように考えてくると、子どもたちの中に思いやりの気持を育てるには、大人たちがどのような価値観をもっているかが重要であることがわかる。この種の価値観としては、まず第一に「互恵性」の考え方がある。世の中は互いにもちつもたれつであるから、相手を助けておけばそのうちに自分も助けられることもあろう。逆にいえば、いま助けなくてはならないのは以前に世話になったからだ、というのがこの考え方である。それに対して第二の考え方は「社会的責任」で、私たちは自分を頼りにしたり援助を求めたりしている人たちを助ける責任があると考える。それは私たちの立場からきているることであって、相手がそのうちにお返しをしてくれるかどうかということとは関係がない。第三には「公平さ」の考えがあって、誰とでも公平にもちものやチャンスを分け合わなくてはならないとする。相手が自分よりも恵まれていなかったり困っていたりするのは、この意味で公平さを欠くことである。

思いやりのある行動は、それぞれの場合にこの中のどの考え方によってとられるかはさまざまである。またどの考え方が中心になるかは社会によってもちがっている。この点で少し気になることは、私たちの社会での行動の多くがここでいう互恵性（世の中はもちつもたれつではないか）の考え方によってやられているようにみえることである。たしかに世の中はもちつもたれつ、お互いに助け合っていかなくてはやれないことが多い。その点では異存はないのだが、こう考えるときの「世の中」の中味やもちつもたれつの関係にある相手が問題である。私たちがかかわりをもつ相手は「ウチ」の人たちであって、「ソト」の人たちではないことが多い。私たちは相手が「ウチ」（ウチの学校、ウチの会社、ウチの町）の人であるか「ソト」の人であるかによって、考え方を使い分ける傾向がある。気心の知れた「ウチ」の人たちとの付き合いは大切にするが、どこの馬の骨ともわからぬ相手には疑いの念や嫌悪感をもつようである。思いやりについても、私たちが思いやりを示す相手は「ウチ」の人たちであって、「ソト」の人たちではないことが多い。互恵性の価値観が通用するのは、日ごろから密接なつきあいのある「ウチ」の人たちであって、こうした人たちはそのうちにお返しとして思いやりのある行動をとってくれることか期待できる。それに対して「ソト」の人では、こうしたお返しは期待できない。みしらぬ人に私たちが思いやりを示すことに失敗するのは、この「ウチ」と「ソト」

の考え方によることである。

私たちの社会では、「世の中」を知るということは「ウチ」をふやしていくこと、人間関係を拡げていくことである。「ウチ」の人たちへの思いやりは互恵性の考え方からやられるもので、社会的責任や公平さの考え方はそこでは少ない。大人たちのこうした考え方は、子どもたちの中に同じような考え方を生み出す。お互いに助け合うという場合の「お互い」の輪をもっと拡げ、社会的責任や公平さの考えをつよめるためには、私たちにとって「社会」とは何かということを、あらためて考え直さなくてはならないことになる。

（一九八二・一九八三）

2 向社会的行動とは

向社会的行動の定義

向社会的とは

「社会的」(social) という用語は「対人的」という意味で使われることが多いから、「社会的行動」(social behavior) というのは、対人的な面でのつながりをつけるタイプの行動をいうのであろう。他人との気持ちのつながりがあったり、一緒に行動したりする場合について、その行動を社会的行動とよぶことができる。これに対して「反社会的行動」(antisocial behavior) では、このような対人的つながりをこわすところにその特色がある。多くの場合、それはその社会や集団で容認されている規範から逸脱することであったり、それを無視することであったりする。対人的なつながりが欠けていたり、この点についてなんらかの障害のある場合には、「非社会的行動」(asocial behavior) という表現があてはまる。他人との気持ちや行動のつながりを求める構えはあっても、それが十分でなかったり、さまざまな理由からそれが妨げられたりしているのが、このタイプの行動の特色である。

こう考えてくると、社会的行動の特色である対人的なつながりをいっそう強めたり、それを求めたりする行動があることに気づかされる。「向社会的行動」(prosocial behavior)とか「愛他的行動」(altruistic behavior)とよばれているのはこの種の行動であって、そこでは他人に対する援助行動(helping)や分配行動(sharing)、寄付行動(donating)といったタイプの行動が問題とされている。反社会的行動や非社会的行動の研究にくらべて、向社会的行動の研究が遅れていることについては、それなりの理由のあることである。たとえば反社会的行動の場合には、この種の行動は対人的なつながりをこわすばかりでなく、その社会の安全や存続をおびやかす性質のものである。非社会的な行動では、その行動をとる者は適応の面でトラブルをかかえているばかりでなく、周囲の人々との間に摩擦を生むことが少なくない。こうした広い意味での病理的な行動について、研究者や実務家たちの目が向いていくのは当然のことであって、家庭内暴力への対策が論じられたり、自閉症の治療法が工夫されたりすることになる。しかし反社会的行動や非社会的行動が消失しただけでは十分ではないことは明らかであるし、こうした問題行動(problem behavior)をかかえていない人々にとっても、対人的なつながりを強めるという意味での向社会的行動が求められることはいうまでもない。近年このタイプの行動についての関心が高まってきているのは、こうした理由からである。

四つの条件

対人的なつながりを強めることが向社会的行動の特色であることを指摘したが、この行動について考えを進めるためには、これだけでは十分ではない。

《向社会的行動とは、外的な報酬を期待することなしに、他人や他の人々の集団を助けようとしたり、こうした人々のためになることをしようとする行為のことである。このような行為をする場合には、行為をする側の者にあるコスト（損失）や自己犠牲、危険といったものが伴うことが多い。》（マッセンとアイゼンバーグ＝バーグ　一九七七）

この定義では、まず第一に向社会的行動が他人（あるいは他の集団）に対する援助であることが述べられている。相手の利益になり、相手を助けることになることが条件である。第二に、にもかかわらず、この行動は相手からの外的な報酬を目的としたものであってはならない。金銭や物質的な報酬を目的とする行動は、たとえ相手とのつながりを強めるものであっても、向社会的なものとはいえない。この場合、この行動をとることによって自尊心をもったり、満足感をいだいたりすること（内的報酬）はかまわない。第三に、この行動では、相手に対する援助行動をとることが中心であるから、なんらかの損失（コスト）が伴うことになる。この損失は、時間的な損失や金銭的なロスから生命の危険にまで及ぶもので、このことが向社会的行動を分類したり、その内容を考えたりする際にむずかしさを生んでいる。この定義に含まれていない条件として、第四に自発性をあげたい。他人からの強制や心理的圧迫の結果、いやいやながらこのタイプの行動がとられるとすると、それは十分な意味で向社会的なものとはいえない。

この四つの条件について研究者たちの間で意見が一致しているかといえば、必ずしもそうはいえないのが現状である。たとえば近刊のある論文集（アイゼンバーグ　一九八二）に執筆した研究者たちの中には、この行動の特色を自発的で意図的なところに求める者もあれば、他人の福祉を増すために自己犠牲を払うことにあるとする者もある。またそこから外的報酬を除くことについても意見が分かれていて、この点を強調することは向社会的行動の幅を狭めてしまうと考える者もある。この種の行動をとることで、結果として外的報酬を得ることは少なくないし、それが当初の意図の中に含まれていたかどうかを確かめることは、そう容易なことではない。現状ではこの四つの条件のどれを重視するかは研究者によってちがっているし、ある場合には四つの条件のすべてが必要かどうかについても、考え方はさまざまである。

さらにわが国の場合には、「向社会的行動」（prosocial behavior）という訳語についても問題が残っている。「順社会的行動」、「社会的支援行動」、「社会福祉的行動」などの訳語が何人かの研究者によって使われているし、こうした訳語はこの行動のもつ特色のある面をうまく表現したものともいえる。しかしここでは、この行動が積極的社会行動（positive social behavior）とよばれることもあることを考えて、「向社会的行動」という訳語を使うことにしたい。

向社会的行動の分類とモデル

二つの状況

忘れ物をした友人に自分の持ち物を貸してやること、ケガをした級友を保健室まで連れていくこと、おぼれかけたよその子を助けてやること、これがいずれも向社会的行動であることは確かである。そこには前にみた四つの条件のいくつかが含まれていることは否定できないものの、むしろこの三つの場合にはそれぞれちがった特色があると考えることもできる。向社会的行動の中には実にさまざまな場合があって、そのことがこのタイプの行動の一般性や一貫性に問題を感じさせることになっている。

ここでいう一般性とは、ある個人がどのような場合にも向社会的であるのか（自分の持ち物を貸してやる子は、ケガをした級友も助けるし、おぼれかけた子にも助力の手を差し伸べるのか）ということである。一貫性では、状況が変わってもある向社会的行動をとるのかどうか（親しい友人にもそうでない子にも、持ち物を貸すのかどうか）が問題となる。道徳性についてかつて問題になったように（ハートショーンほか　一九二九）、向社会的行動についても、この行動が生じる状況や相手の特徴などの点を検討することが欠かせないことである。

たとえば危急的な状況（emergency situation）と非危急的な状況（non-emergency situation）とを区別するのは、このためである。危急的状況は次のような特徴をもっている。（バータル　一九七六：ラタネとダーリー　一九七〇）

①　生命や財産などの損失が現実に起こったり、それが生じる可能性が高い場合。このことは援助を求めている者についてだけでなく、向社会的行動をとろうとしている者についても当てはまる。

②　異常でまれな出来事。多くの人にははじめて出会ったような状況で、対応の仕方がよくわからない。

③　それぞれの状況でちがった行動が求められていること。おぼれかけている子を助ける場合と火中にある人を救う場合とでは、同じ向社会的行動（援助行動）であっても、別々の行動が必要とされる。

④　突発的な出来事であって予測がつかないこと。多くの場合、事前に援助の準備をしておくことがむずかしく、しかし危急の援助が必要である。

⑤　即座の援助行動や介入が求められていること。こうした行動の遅れは、さらに悲劇を大きなものにする。

これに対して、非危急的な状況は次のような点がその特徴である。

①　生命や財産の現実の損失あるいはその可能性は、そこに含まれていない。

② 日常よく接する出来事である。
③ その状況はアイマイさが少なく、どんな行動が必要なのかは誰にもハッキリしている。
④ 予測可能な出来事で、危急の行動や介入を必要としない。

行動特性のタイプ

この二つの状況で別々の援助行動が求められていること、状況によってこのタイプの行動がとられたりとられなかったりすることは確かである。しかし、向社会的行動をこうした状況の面だけからとらえるのは十分なやり方ではないし、行動の分類としてはいかにも粗いものである。高木の研究（一九八二）では、この点をそこでみられる行動特性から分類している。大学生六四名が二二種類の向社会的（順社会的）行動について、その類似度を評定した結果をクラスター分析してみると、次のような七つのクラスターが見出されたという。

① 寄付・奉仕活動……他者のために自分のお金、血液、努力あるいは時間を寄付したり、提供したりすること。
② 分与行動……他者に自分の貴重なものを分け与える行動。お金を貸す、持ち物をあげるなど。
③ 緊急事態における救助行動……重大な緊急事態にあって苦しんでいる人に援助の手を差し伸べる。乱暴されている人を助ける、救急車を呼ぶなど。

④ 努力を必要とする援助行動……身体的努力を必要としている事態で援助を提供する場合。近所の葬式を手伝う、クルマが故障しているのを助けるなど。

⑤ 迷い子や遺失者（物を失った人）に対する援助行動……迷い子を交番に連れていく、忘れ物を届けるなど。

⑥ 社会的弱者に対する援助行動……老人や弱者に援助の手を差し伸べる。老人に席を譲る、手を貸してあげるなど。

⑦ 小さな親切行動……出費を伴わないちょっとした親切心からの援助行動。道順を教えてあげる、カサをさしかけたり貸したりするなど。

この分類をみると、向社会的行動が実にさまざまな行動を含んでいることがわかる。ここでの分類は、こうしたさまざまな行動が互いにどの程度類似しているかということの判断を手がかりになされたものである。その場合にはどういう点で類似していると判断するかは、いくつかの特徴（行動特性）を基準にして行われているはずである。同じ高木の研究（一九八二）では、六六名の大学生が二二種類のこの種の特徴（行動特性）をもとにして、前にみた二二種類の向社会的行動を評定した結果も報告されている。そこでは因子分析の結果、次の三つの基本特性が見出されている。

① 社会的規範による援助の指示とそれに伴う社会的諸結果……社会的規範が援助することを指示している。事態は重大であり、緊急の援助を必要としているし、しかも援助を要請することが社

会的に容認されている。もし援助を拒否すれば、社会的非難を覚悟しなくてはならない。援助すれば、被援助者に感謝され、社会から承認が受けられ、良い気分を味わうことができる。

② 個人的規範による援助の指示とそれに伴う個人的諸結果……援助の必要が明らかであり、しかも自分自身に援助する個人的責任があると思われる。援助を拒否すれば、そんな自分を恥ずかしく思い、自尊心は低下し、いやな気分になる。責任を果たせば、そんな自分を誇らしく思い、自尊心は高揚する。

③ 援助に伴う出費……援助するのが難しく、援助するために身体的努力が必要であり、援助のために自分のお金を使わなくてはならない。時には危険さえ覚悟しなくてはならない。

この三つの基本特性と前にみた七つのクラスターとの関係（因子得点）をみると、第一の「社会的規範」と関連の深いのは「緊急事態における救助行動」であった。「分与行動」や「小さな親切行動」では、この関連はうすくなっている。第二の「個人的規範」とのかかわりでも、「緊急事態における救助行動」が最もかかわりが深く、「寄付・奉仕活動」や「小さな親切行動」では関連が少ない。さらに第三の「援助に伴う出費」の場合には、「分与行動」、「緊急事態における救助行動」と結びつきが強く、「小さな親切行動」ではそうではない。

向社会的行動のモデル

それが求められる状況とそこでの行動特性の面から向社会的行動を分類してみた。この種の行動が実にさまざまなものであり、一つ一つの行動がちがった特徴をもっていることが明らかになった。しかし、現実の場面で向社会的行動がとられるかどうか、どのようなタイプの行動がとられるかを決める要因は、さらに複雑なものである。ことにこうした問題を、発達とのかかわりで考えようとすると、そこでとり上げなくてはならない要因の数は多い。図2－1はこうした点を考えにいれて作成した向社会的行動のモデルである。

向社会的行動がとられるかどうか、どのようなタイプの行動でそれが示されるかといったことは、その個人がどんな家族で育ち、そこでどんなしつけを受けたかによって左右される。このタイプの行動のモデルが身近にいた場合とそうでない場合とでは、そのちがいは大きな

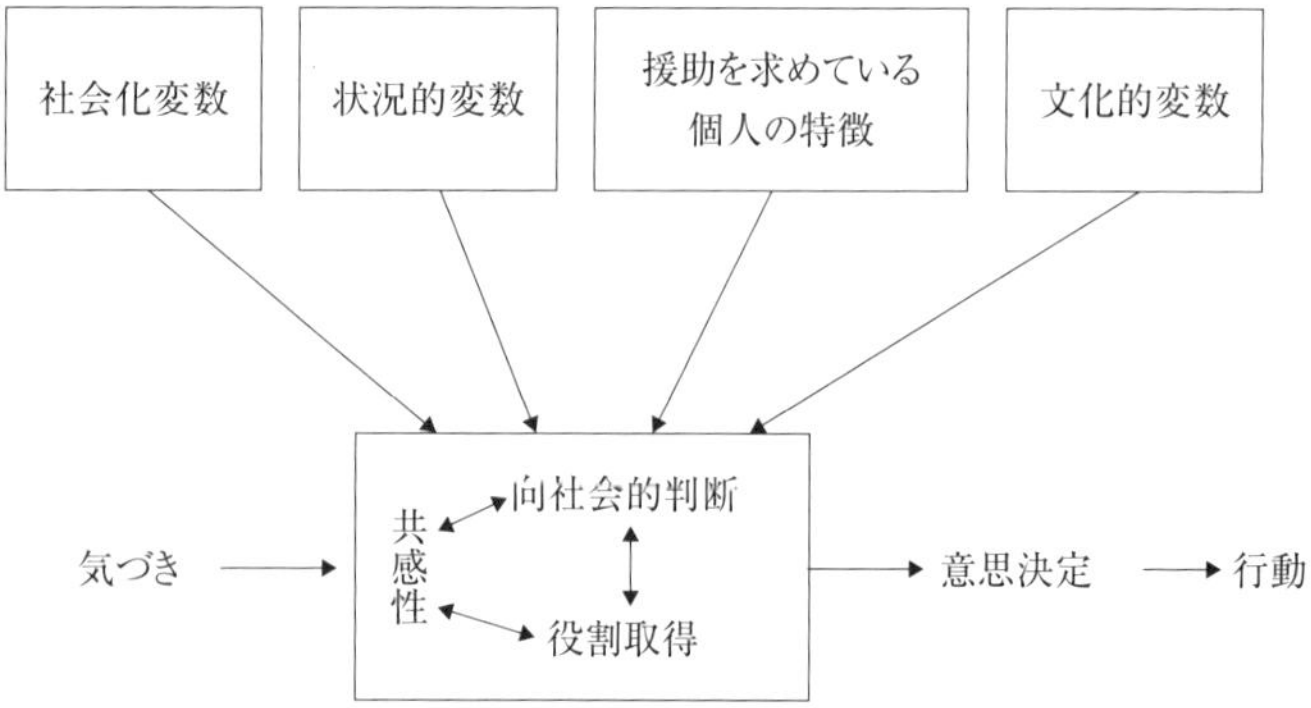

図2-1　向社会的行動のモデル（Bar-Tal, D.　1976 を参考に作成）

ものになるはずである（社会化変数）。その状況が危急的なものである場合とそうでない場合、周囲に自分以外にも援助の手を差し伸べる可能性のある人がいるかいないか、自分が快適な気分でいるのか沈みこんでいるのか、といったことも大切である（状況的変数）。援助を求めている人が知人であるか未知の人か、子どもや老人のような弱者であるか若者であるか（援助を求めている個人の特徴）。向社会的行動をとることが規範となっている社会とそうでない社会があるし、こうした点については階層によるちがいがあるかもしれない（文化的変数）。

向社会的行動が生じるプロセスに沿って考えてみると、そこには状況の認知（気づき）、意思決定、実際の行動の三つの段階があるといえる。そして「気づき」と「意思決定」とを媒介する要因として、一般的な向社会的判断と相手の感情や行動の予測にかかわる要因とが考えられる。この中で特に研究の対象となっているのが、共感性と役割取得能力である。向社会的な判断は、自分に向社会的行動が求められているかどうか、その場合にどう行動したらよいかを決定する際の基本的な枠組みとしてのはたらきをする。共感性と役割取得能力とは、この判断をもとにして実際に向社会的行動がとられる場合に、その動機づけとしてのはたらきをすると考えられている。こうした三種類の媒介要因は、いずれも発達的に変化するものといえる。ある子どもが向社会的に行動できるかどうか、どんなタイプの行動でそれを示すかということのかなりの部分は、この点にかかわるものである。

向社会的行動の発達的要因

向社会的判断

ある日マリー（エリック）という女（男）の子が、友だちの誕生日のパーティに行こうとしていました。この子は途中で、女（男）の子がころんで脚にケガをしているのに会いました。このケガをした子はマリー（エリック）に、家へ行ってお母さんかお父さんを呼んできてくれ、そうすればここへ来て私をお医者さんに連れて行ってくれるからと頼みました。でもマリー（エリック）が走って行って、お母さんたちに知らせると、誕生日のパーティに遅れてしまうんです。アイスクリームやケーキもたべられませんし、ゲームもまったくできなくなります。マリー（エリック）はどうしなくちゃいけないんでしょう。どうしてですか。

この例話は子どもの向社会的判断についてのアイゼンバーグ＝バーグの研究（一九七六）で使われたものである。この研究では、こうした向社会的なジレンマを含むいくつかの例話を用いて子どもに個別面接をしているが、その結果から表２－１のような五つの向社会的判断の段階があることが明らかになった。

表 2-1　向社会的推論の段階

段階 1：快楽主義的で実際的な志向 子どもは道徳的な配慮よりも，結果が自分に役立つことに関心がある。「正しい」行動は，その行動をする人の要求や希望を満足させる手段となるような行動である。他人を助けようか助けまいかと考える際に問題となるのは，そこから自分が得るものがあるかどうか，将来お返しがあるかどうか，自分が必要としたり好きだったりする相手かどうか，ということである。
段階 2：「他人の要求」志向 子どもはたとえ他人の要求が自分の要求と矛盾するものであっても，他人の身体的・物質的・心理的な要求に関心を示す。この関心は簡単なことばで表現され，役割取得の事実ははっきりとはみられない。同情の言語的表現や罪悪感のような内面化された感情への言及もない。たとえば「あの子お腹すいてるよ」，「あの女の子あれがほしいんだよ」など。
段階 3：承認と対人的志向，紋切り型の志向 良い人・悪い人，良い行動・悪い行動についての紋切り型のイメージ，他人の承認や受容を考えにいれることなどが，向社会的行動をするかどうかを正当化する場合にみられる。たとえば他の子を助けるのは，「助けるって素敵だ」，「私が助けたら，あの子もっと私を好きになるわ」など。
段階 4a：共感的志向 子どもの判断には，共感的反応や役割取得，他人の人間らしさについての関心，人の行為の結果についての罪悪感やプラスの感情といったことが含まれている。たとえば「彼は自分がどう感じたかわかっている」，「彼女はみんなのこと思ってるの」，「助けなかったら気分が悪くなる。だって痛がってるもの」など。
段階 4b：移行的な段階 助けたり助けなかったりすることには，内面化された価値や規範，義務，責任，他人の権利や尊厳を守る必要などを考えることによって正当化される。しかしこうした考えは，明確で強いものとしては述べられない。内面化された自尊感情に言及したり，自分の価値に従って行動したことが述べられた場合には，たとえそれが弱いものであっても，この段階に属することを示すものとする。たとえば「ボクの習ったこと，感じたことはチョットしたもんだよ」など。

段階5：強く内面化された段階

助けたり助けなかったりするのは，内面化された価値や規範，責任，個人的・社会的に約束した義務を果たしたいという願望，人々の尊厳や権利，平等についての信念などによることである。自尊心を保ち，自分の価値と容認されている規範とに従って行動したことについての肯定的あるいは否定的な感情も，この段階を特色づけている。段階5の推論の例は，「彼女は困っている人を助ける責任があるって感じている」，「助けなかったら気分が悪くなったろうね。だって自分の価値に合ったやり方をしなかったんだからさ」など。

Eisenberg, N. (1982). The development of reasoning about prosocial behavior. In N. Eisenberg (Ed.), *The Development of Prosocial Behavior.* Academic Press.

この段階によれば、四歳児はおおむね快楽主義的（段階1）で、ある程度は要求志向的（段階2）な推論ができる。小学校の低学年では快楽主義的志向（段階1）は少なくなり、要求志向（段階2）や承認志向（段階3）の推論が多くなる。小学校の中学年から高学年にかけては、紋切り型で対人志向的な、承認志向型（段階3）の推論、さらには共感的推論（段階4a）への移行がはっきりしてくる。中学生になると対人的な承認型（段階3）は減少し、共感的（段階4a）で内面化された（段階5）判断の方向へと変化していく。子どもの向社会的判断は、こうして年齢の増加とともに、より共感的なものとなり、快楽主義的傾向は少なくなり、内面化された原理や自尊心によるものへと移っていくのである。

共感性

共感性（empathy）が向社会的行動の媒介過程で重要なはたらきをしていることは、多くの研究者が一致して認めているが、その内容については意見が分かれている。ここではフェッシュバック（一九八二）の三要因モデル（three-component model）を使って説明を試みたい。このモデルによれば、共感性は「他人の情動的反応を知覚する際に、その他人と共有する情動的反応」のことであり、次の三つの要因から構成されている。

第一の要因はより基本的な認知の要因であって、他人の情動や意図の状態を区別し、それに命名する能力である。俗に「顔を読む」という言い方があって、あまり良い意味には使わないことが多いが、そうした価値評価を除けば、まさに他人の「顔を読む」ことがこれに当たる。相手が喜んでいるのか悲しんでいるのかを区別することができ、それに喜びとか悲しみといった名前づけ（ラベリング labeling）ができなくてはならない。幼児の対人認知や表情認知を扱った研究（今井　一九七八）によれば、この能力は四歳から五歳にかけて急激におとなの判断に近づくことがわかっている。「顔を読む」力（少なくとも情動についての表情認知の力）は、この段階で一応の水準に達していると考えられる。

第二の認知的要因は、より高度の認知的能力の水準あるいは社会的把握であって、他人の考えや役割を予想する能力である。他人が経験しているのと同じやり方で、その状況をとらえることができ、その他人がそこでどう感じたり考えたりするかを予測できなくてはならない。一口にいって、それは役割取得能力（role-taking ability）であるが、この能力の発達は子どもの一般的な認知能力の発達によって支えられている。このために、具体的操作期になるまで（ほぼ七歳）は、子どもは脱中心化

（自己中心的でなくなること）が十分ではないから、他人の立場に立って考えたり、その行動を予測したりすることはむずかしい。この能力は具体的操作期を通じてしだいに伸びていくものの、それがおとなと同じようになるのは形式的操作期を迎える一一、一二歳になってからである。

共感性の第三の要因は、情動的な反応性である。これは他人の体験している情動と同じ情動を感じる能力であって、相手と情動のタイプを共有することである。特に痛みや苦しみといった否定的情動の場合には、かなり年少の子ども（二歳以下）でも、この反応がみられることが知られている。この年齢の子どもでは、泣いている子がいると、かたわらにその子の母親がいるのに自分の母親にその子をなぐさめさせようとしたり、悲しい顔をしているおとながいると、自分の大切にしているお人形を持ってきて渡そうとしたりすることがある。この段階では自他の関係がはっきりととらえられているわけではないが、情動的な反応性によってこうした行動が生じるものといえる。

こう考えてくると、伊藤（一九七五）の指摘したように、共感性の発達水準には三つを区別することができることになる。その第一は、他者の情動状態への反射的共感であって、これは情動的反応性についてみられるように、発達のかなり早い段階で成立していると思われる。第二は、同一視や投射にもとづく他者への共感であって、このタイプの共感性は表情認知（「顔を読む」）がおとなとほぼ同じ水準に達する四、五歳あたりで可能になる。第三には、自他の立場の相対的把握に立った上での共感性がくるが、このタイプの共感性は形式的操作期（一一、一二歳以後）になってやっと成立するものと考えられる。

役割取得能力

トムは友だちのマイクの誕生日のプレゼントを買うお金を貯めました。トムは友人のグレッグと、マイクの好きなものをきめに町へ出かけました。トムはグレッグに、マイクはこのごろ、かわいがっていた小犬のペパーがいなくなって、悲しいんでいると話しました。そこで二人はマイクに会って、何がほしいかようすをみようということになりました。マイクに会って話してみると、小犬がいなくなって本当に悲しがっているということがわかりました、グレッグが新しい小犬を飼ったらというと、マイクは別の小犬じゃダメだ、同じ犬でなけりゃ、と言ったのです。そう言うと、マイクは別の用があって別れました。トムとグレッグがプレゼントを何にしようかとさがしていますと、ペット屋さんで小犬を売っています。もう一匹しか残っていません。お店の主人が言うには、明日までには売れてしまうだろうとのことです。二人はマイクに小犬を買うかどうか、相談しています。トムはいますぐに、気持ちを決めなくてはなりません。トムはどうすると思いますか。

この例話は、子どもの役割取得能力を調べるためにセルマン（一九七六／木下　一九八二を参照した）によって使われたものである。こうした例話を用いて個別面接をした結果、子どもの役割取得には次のような水準が区別できるという。

水準0：自己中心的役割取得　他人の感情を表面的には理解できるが、自分の感情と混同してしまうことも多い。同じ状況でも、自分と他人とでは見方がちがうこともあることがわからない。（例「ボクも犬が好きだよ。そのお友だちも小犬もらったら喜ぶよ。」）

水準1：主観的役割取得　情報や状況がちがえばちがった感情をもったり、考え方が別のものになることには気づいているが、他人の立場に立つことはむずかしい。（友だちが「いまは小犬をみたくない」というときの本当の気持ちがわからない。）

水準2：自己反省的役割取得　自分の考え方や感情を反省できる。他人が自分の考えや感情をどう受けとめているかを予想することもできる。（友だちの本当の気持ちを予想したり、小犬を贈ったときに友だちが自分をどう思うかを考えたりする。）

水準3：相互的役割取得　第三者の立場を考えることができる。人間は互いに相手の考え方や感情を推測しあって、相互交渉をもっていることがわかる。（「もし小犬をあげてね、友だちがそれを気にいらなくても、お友だちはね、自分を喜ばそうとしてくれたんだと思うだろうし、そのことはこの男の子もわかっているわけ。」など。）

四歳児では八〇%が水準0であったが、六歳児になると九〇%が水準1の反応をしている。八歳児では五〇%が水準2に達していて、水準3の反応をする者も一〇%程度ある。一〇歳児になると六〇%が水準2の反応を示しているが、水準3に達した者は二〇%である。この研究にみられるように、役割取得の過程は他人の感情や行動の予測だけでなく、その予測にもとづいた自分の行動の選択、さらにはこうして選択された行動について他人がどう反応するかということの予測までを含んだ複雑な過程である。それは基本的には、自他の関係についての相互性の認識であるといってよい。こう考えると、役割取得にはさらに高い水準を設定することができる。

水準4：質的体系の役割取得　相手との関係が相互的であるだけでなく、相手についてさらに深い水準で概念化が必要であることに気づく。考え方や視点がある構造や体系をもったものとしてとらえられる。

水準5：シンボリックな相互交渉の役割取得　役割取得は対人関係や社会関係を分析する方法として考えられる。他人の主観そのものはわからないとしても、互いに同じような仕方で推測しあうことで、理解しあえると考える。

こうした高い水準の役割取得がなされるようになるのは、一般的な認知能力が形式的操作の段階に達してからのことになる。この時期になると、向社会的判断もおとなに近い水準に達するし、共感性もそうした特色をもつようになる。これまでの説明からわかるように、向社会的判断と共感性、役割取得能力は相互に関連するところの多い概念である。そのことは、この三つの概念の基礎に一般的な認知能力の発達があるためである。

向社会的行動を育てる

向社会的行動の媒介要因として、向社会的判断、共感性、役割取得能力をとり上げ、その発達的変化を説明した。そこで示した年齢的な変化は、いうまでもなく一応の目やすであって、固定したものではない。むしろ重要なことは発達的変化の順序であって、ある年齢で一定の変化が生じることを示そうとしたのではない。この意味では、ここでみた媒介要因にはたらきかけることによって、向社会的行動を育てることができると考えられる。

たとえばフェッシュバックの共感性モデルでは、ラベリングや役割取得の体験が問題とされていた。フリードリックとステインの研究（一九七五）はこの点をとり上げたものである。この研究では、向社会的行動がたっぷり含まれたテレビ番組を幼稚園児に見せた後で、ラベリングと役割演技の体験をさせている。ラベリングは、番組の中に出てきたのと似た出来事について、登場人物の感情や行動をグループで話しあわせるやり方でやられた。役割演技の方は、人形を使って番組の中の出来事を再現したり、そこでの会話を復習したりした。この結果わかったことは、ラベリングも役割演技も、テレビ内容を定着させるのに役立っただけでなく、別の場面（破れた貼り絵を直している子を助けるかどうか）での行動にもよい影響を与えていたということである。ラベリングによって他人の感情に注意を向けることを学習したり、人形を使った役割演技によって「他人の立場に立つ」ことを身につけた子どもたちは、困っている子どもを助ける行動をとることが多かったのである。

他人の立場に立つ役割演技だけでなく、お互いの役割を交換しあう体験が効果をもつことを示したのがイアノッティの研究（一九七五）である。この実験では、子どもたち（六歳と九歳）は五人ずつのグループを作って、毎日二五分ずつ一〇日間ミニ・ドラマをやり、それぞれの子どもはそのドラマの中である役割を演じている。たとえばあるドラマでは、同じグループの五人の友だち全員をフットボールの試合に招待するには入場券が足りず、どの友だちを招待しないことにするかという意思決定をしなくてはならない。それぞれの子どもは、この決定をする役か招待される（可能性のある）役かを演じることになる。実験者はドラマの途中で、「どうしてこう決めたの」「どんな感じがするの」といった質問をして、子どもたちに自分の行動の動機やそれに伴う感情、そこに至る思考過程に注意を向けさせるようにする。ある場合には子どもたちの役割を交替させて、別の立場から問題を考えさせようともする。この実験からわかったことは、ドラマで役割演技をした子どもは、その報酬としてもらったキャンディをほかの子に分けてやることが多かったということである。また役割交換を体験した子どもは、一つだけの役割を体験した子どもよりも、こうした援助行動（キャンディの分配）が多かったのである。

このような実験的研究の結果をみると、日常生活の中でも同種の体験をしている子とそうでない子がいると考えることができる。ホフマンの研究（一九六三）は、このことをしつけのタイプとの関係で問題としている。クラスの仲間から「ほかの子の気持ちに気がつくことが多い」、「クラスでバカにされている子がいるとかばってやることが多い」といった評価を受けた中学生の親は、「力中心」（power assertion）のしつけをする者は少なく、「誘導的」（induction）しつけをしていることが多かった。ここでいう「力中心」のしつけは、身体的罰を加えたり、物や権利を奪ったり、力で押し切ったりするやり方である。これに対して「誘導的」しつけでは、子どもを説得したり、子どものやったことの意味を説明してやったりするやり方がとられる。悪いことをしたり失敗をした場合に、相手（親やよその子）の気持ちを考えさせたり、そちらに目を向けさせたりするのもこのタイプのしつけの特徴になっている。「誘導的」しつけの中には、ラベリングや役割取得の体験を子どもにさせることが含まれているといってよいであろう。

（一九八三）

3 アイゼンバーグに学ぶ

思いやり行動

心理学者たちが思いやり行動（向社会的行動と呼ばれることが多い）の大切さに気づき、それを研究しなければと思うようになったのはここ二〇年ほどのことである。ナンシー・アイゼンバーグ（Nancy Eisenberg）は、こうした動きのなかで注目されている研究者のひとりである。ここで思いやり行動といっているのは、自分の持物やお金を貸したり、ある場合にはそれを相手に与えたりすることである。クルマが故障しているのを見すごしにせずいっしょになって修理したり、バスのなかで老人に席をゆずったりするのもその例である。道をきかれて教えたり、突然に降り出した雨のときにカサを貸したりすることもある。

いずれにしてもこの種の行動では、第一に相手についての援助がされていることに特徴がある。その場でどのような行動をとることが相手への援助であるかは、人によって考え方はいろいろであって、そのことが思いやりということをむずかしくしていることはあるものの、思いやり行動では結果として相手への援助がそこに含まれている。第二にはこの場合に、相手からお礼をいわれたり何かもらえたりすることを当初から目的にして、このタイプの行動がとられることがある。こうした行動では、相手のためというよりも自分自身の欲求の満足ということがめざされているから、十分な意味で思いやりある行動とはいえない。相手からの報酬をめやすにして行動するときには、思いやり行動とはいわない。

第三にいえることは、思いやり行動はある種の損失（コスト）を伴うということである。お金を貸せば自分はそれを使えないし、バスで席をゆずれば自分は立っていなくてはいけない。この場合に、お金を貸したり席をゆずったりした当人が損したなあと思うかどうかは別として、たしかにそこにはコストがかかっている。むしろこうしたことが生じているにもかかわらず、相手のためを思って助力をするときに、思いやり行動がされているといってよかろう。第四としては、思いやり行動ではそれが自発的にされることが条件となっている。他人にいわれていやいやながらこの行動がとられたり、周囲の事情からやむをえず行動するときには、思いやり行動とはいわない。

しかしこの四つの条件をあまりにきびしく求めると、小さな子どもの場合には思いやり行動を考えることがむずかしくなる。バスで席を立つのはお母さんにほめられるからだろうし、ごほうびが目的かもしれない。私たち大人だって他人のために思いやりある行動をとるときに、頭のどこかでちらとお礼のことを考えたり、周りの人たちの目を意識したりすることがある。こう考えると、相手からの報酬をめあてにした必ずしも自発的とはいえない行動についても、思いやり行動とそれを呼ぶことは差しつかえないことである。言いかえるとこの四つの条件は、思いやり行動についての上限を示したものということになる。ある場合には、三つとか二つとかの条件が満たされればよいことになるが、そのときにも相手についての援助とそれに伴うこちら側のコストのことは、このタイプの行動について欠かせないことのようである。

アイゼンバーグがまず関心をもったのは、思いやり行動についての判断の側面である。子どもたちが思いやり行動をしたり、しなくてはいけないと考えたりした場合、そこではどういう理由づけがされているのだろうか。忘れ物をした友だちに自分の物を貸したり、ノートを病気で休んだ友人に見せてやったりすることには、子どもの説明としてはどういう理由づけがされるのだろうか。このことは当然のこととして、発達段階によるちがいがあるはずであって、そのことは道徳性についてピアジェやコールバーグが示したことである。アイゼンバーグの博士論文〈向社会的道徳判断の発達、一九七六〉はこの問題をとりあげたもので、方法としてはピアジェに始まる例話法が使われている。

思いやりの判断

例話のひとつでは、「ボブは水泳の上手な若者ですが」と話が始まる。ボブは高校生で全国大会にも出場できそうな選手だが、そのためには連日の練習が欠かせない。ところが近所に身体障害をもった子がいて、その子に水泳を教えてくれという話がもちあがる。水泳をすればその子も歩けるようになるかもしれないし、救助法を知っていて水泳を教えた経験のあるのはボブだけだ。しかしこの子に水泳を教えることになると、大半の時間をそれにとられて練習ができなくなる。全国大会で勝つことがむずかしくなるだけでなく、大学への奨学金付の入学もできなくなる。ボブはどうしたらよいのだろう。どうしてそう思うのか、その理由をいってください。

この例話は向社会的ジレンマと呼ばれるもので、倫理的にはともかくとして、この場合には正しい答えはない。研究者が関心をもつのは、いずれの答（練習を続ける、その子を教えるなど）がされるにしろ、子どもがそのことをどう理由づけるかということである。子どもたちの回答を整理すると、そこには次のような段階がみられるという。

段階1：快楽主義的で実際的な傾向（道徳的な配慮よりも、ある行動をすることが自分に役立つかどうかが問題となる。相手を助けるかどうかは、そこから何か得るものがあるかどうか、将来お返しがあるかどうかによる。）

段階2：「他人の要求」志向（相手の要求が自分の要求と矛盾するものであっても、相手の要求に関心を示すことがある。この関心は「あの子お腹すいてるよ」「あの女の子あれがほしいんだよ」といった単純な表現をとるが、必ずしも相手の立場に立ってこうしたことが言われているわけではない。）

段階3：紋切り型の対人的志向（良い人・悪い人、良い行動・悪い行動といった紋切り型のイメージ、周囲の人びとから受けいれられたり認められたりすることが、向社会的行動をするかどうかの理由になる。例えば、困っている子を助けるのは「いいことだ」「私が助けたら、あの子私をもっと好きになるわ」というわけである。）

段階4a：共感的志向（相手に対する共感的反応や相手の立場に立って考えること、自分の行動の結果についての評価などが問題になる。例えば、「ぼくはあいつがどう思っているか知ってる」「もし助けなかったら悪いって思ったの。だって痛がってるんだもの」といった具合である。）

段階4b：内面化された価値や規範、義務、責任などによる正当化（こうした点についての言及がわずかながらみられる段階。自尊心や自分の価値によって判断されたことがいわれた場合。）

段階5：強く内面化された段階（内面化された価値や規範、義務、責任、自尊心などについての明確な言及がみられる。「私は助ける責任があるって、本当に思うのよ」「助けなかったら気分が悪くなる。だっていつも思っているようにやらなかったことになるんだから」。）

こうしてこの研究の結果では、思いやりの判断についての子どもの発達は五つの段階をたどることが示されている（博士論文では四段階で、ここに示したのは一九八二年の論文によるもの。1・2段階をはっきり区別したことと4a段階の過渡的性格を強調したことがちがいであるが、大筋は変わっていない）。子どもが相手に親切にしたり、助力したりする理由づけは、自分のためになったり何かもらいたいといった快楽主義と実際的傾向からスタートしている。この段階は小学生にだけみられる。その次には相手の気持ちに少し注意が向いたり（2）、周囲の人たちから受けいれられるように「よい子」として行動しようという段階（3）がくる。この二つのタイプの反応は小学生に多くみられるが、中学生にも残っている。相手の気持ちがわかったり相手の立場に立って考えたりすること（4a）は、中・高校生で一般的な答え方であるが、小学四年生でもある程度こうした反応はみられた。自分の中に内面化された価値や規範を理由づけとして持ち出す（4b）のは中・高校生になってからであるし、高校生ではそうしたことが特にいえる。

この場合に大切なことは、小学生でどうで中学生になるとこうなるということよりも、ここでみたような発達的な変化の順序である。小学校の低学年での快楽主義的な反応は、その年齢なりのものであるが、次第に他人の気持ちに気づく方向（2）へと変化していく。しかしこの段階は、相手の立場に立ったりその気持ちがわかったりする時期（4a）とは別で、その前に「良い子」として行動しようとする紋切り型の対人的志向の段階（3）がある。中学生になればその多くは相手に共感することを理由づけに持ち出すが、まだまだ「良い子」志向の子も少なくない。内面化された価値や規範に言い及ぶ（4b・5）のは中・高校生であるが、そのことはこの年齢では思いやり行動がとられやすいことを示してはいない。このタイプの行動は、ここでみた思いやりの判断だけでなく、もっといろいろな要因によって左右される複雑な行動である。

思いやり行動のモデル

図3－1は、アイゼンバーグが一九八六年に出版した本（『愛他的情動・認知そして行動』）で示したモデルである。ここでモデルといっているのは、思いやり行動を決める要因をあげるとともに要因の間の関係を示したものということである。この図は、思いやり行動についてこれまでどういう要因がとりあげられてきたかを示すだけでなく、これからどんな研究が必要なのかも教えてくれる。図を左から右へ見ていくと、大きく分けて三つの群に分けることができることに気づくであろう。

左の三分の一にみられる要因は、一口にいって「他人の要求の認知」にかかわるものである。相手が困っていたり悲しんでいたりするのに、ある人は気づくし別の人はそうではない。このことがその人の「社会・認知的な発達の水準」によって異なることは、思いやりの判断についてのアイゼンバーグの研究にもみられたことである。同じ中学生でも思いやり行動をする者とそうでない者がいるのは、

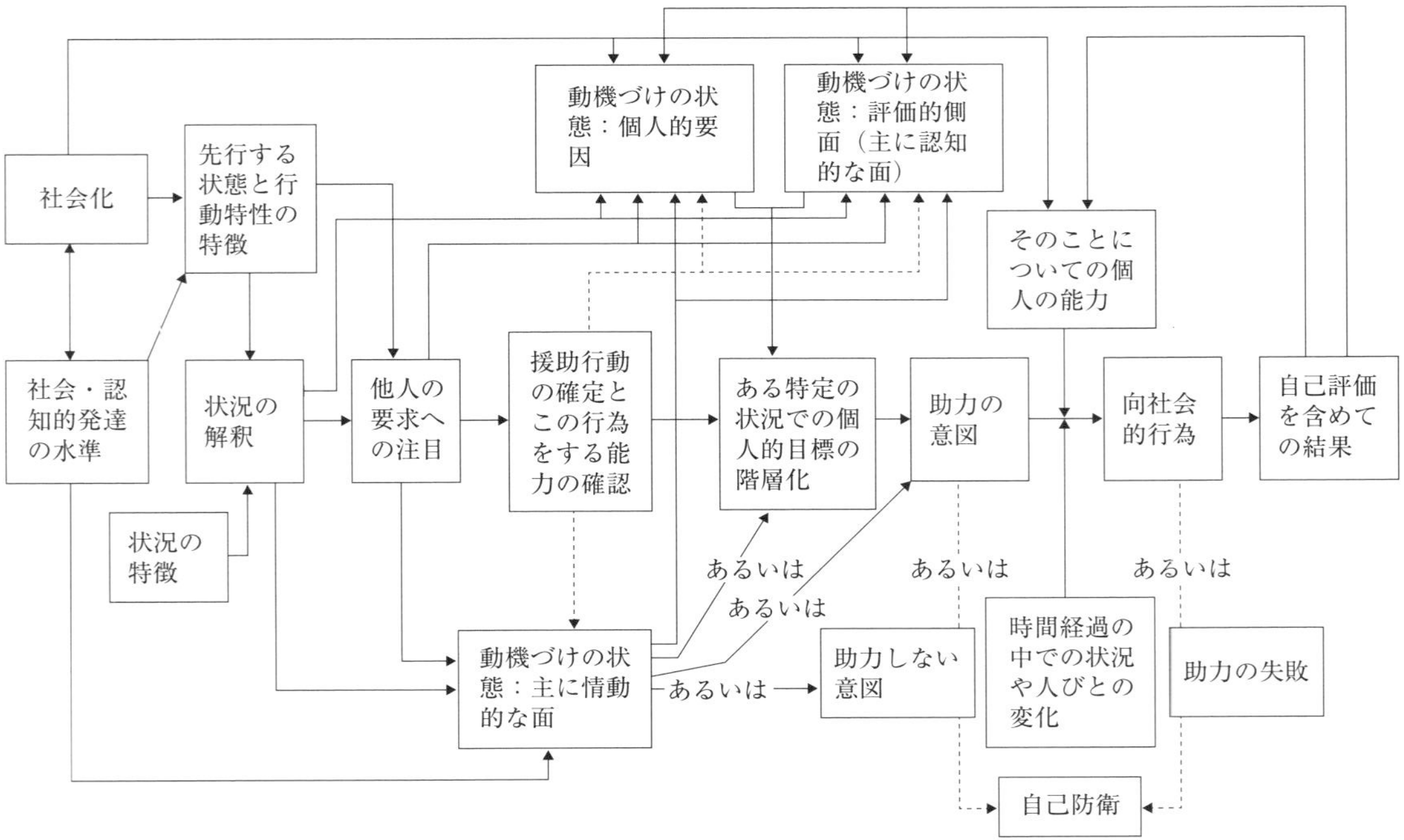

図3-1　向社会的行動のモデル（アイゼンバーグ　1986）

その受けたしつけのちがいによる所が大きい（社会化）。周囲にたくさんの人がいれば自分は行動に出なくともという気になるが、自分だけであれば話は別である。こうした「状況の解釈」は人によってちがうし、気分が高ぶっているときとそうでないときとでは（先行する状態と行動特性）、相手についての気づきのしかたもちがう。

図の中央部分には「動機づけ」にかかわる要因が示されている。相手の気持ちや立場に気づけばすぐに思いやり行動に出るという具合にはならないから、この要因が大切になる。例えば共感性のような「情動的要因」がとりあげられていて、相手と同じ気持ちになったり同じように考えたりすることは、人によってちがっているし年齢による差異もある。「認知的要因」では、思いやり行動をすることでの損得の見積りとか、この行動をとることの理由づけとかいったことが問題となる。自分の行動に自信をもっているかどうか、自分をどういう性格の持主と考えているかということは動機づけの「個人的要因」として見逃せない。自分にその行動をとる能力があるのかどうか（おぼれている人を助けるには泳げなくてはいけない）を確かめなければならない。また思いやり行動をとることにどんな価値を置いているのか（個人的目標の階層化）も、重要なことである。

モデルの右部分になると、思いやり行動をとるかとらないかという意図がはっきりしてくる。もしかすると事情が変わっていて（状況や人々の変化）、別のタイプの行動が求められているのかもしれないし、思いやり行動は必要でないのかもしれない。「助力しない意図」がはっきりすれば、そのことについての理由づけ（自己防衛）を用意しなくてはならないだろう。助力に出て思いやり行動をとっても、相手はどういう反応をみせるのだろうか（席をゆずっても、素直に喜んでくれる人ばかりではない）。相手の出方によっては、こっちがすっかり気落ちしてしまうこともある。いずれにしても思いやり行動はむずかしい。モデルのこの部分は実はあまりよく研究がされていないところだが、いろいろと問題のありそうな部分でもある。

アイゼンバーグには二年前の夏、新宿のあるホテルでの国際行動発達学会の折に会って、少し話をした。アメリカのどこの大学キャンパスにもいそうな、ポニー・テールの小柄なお姉ちゃんだったのにびっくりした記憶がある。「私はあなたの本（『思いやりの発達心理』）の訳者だ」いうと、目を丸くした後で「あの本は近々改訂版が出る」と教えてくれた。その改訂版はいくらか遅れて、この秋には出るらしい。アイゼンバーグはこの一〇年の間に、きめて精力的に数冊の本を書いたり編集したりしている。今度の本にはそのことがより一般向に、コンパクトにまとめられていると予想され、不勉強な私も、書店からそれが届くのを楽しみにしている。

（一九八九）

4　座談会／思いやり研究をめぐって

北陸学院短期大学　星野　命
広島大学　祐宗省三
長崎大学　原田純治
（司会）東京工業大学　菊池章夫

思いやり研究への関心

菊池　思いやりについての研究は犯罪や暴力についての研究にくらべますと、心理学ではかなり遅れていまして、アメリカ辺りでここ二五年くらいですね。私たち日本の研究者の間では、やっとこの一〇年くらい、研究が盛んになってきました。きょうお集りの方々は、そうした流れを作り出したり、そこで研究されたりしている方々なのですが。

まず最初に「なぜ、思いやりの問題に関心を持つか」というあたりからお話頂ければと思います。私が関心を持っているのは、マッセンたち[1]の本を翻訳したからですが、それは私の翻訳した本の中ではまだ売れている本の一冊です。（笑い）星野さん、いかがでしょうか。

星野　僕もG・W・オールポート[2]の翻訳をしましたが、オールポートが現代の心理学について、それは一九四〇年代のことを言っているのだと思いますが、「人間生活にとって最も大事な愛の問題を研究することはあまりなくて、もっぱら性の問題を研究することが盛んに行われている。愛の問題というのはきっと大事だとは思っているものの文学的になったり、あるいは何となく照れ臭いという思いがあるから、心理学者はそれを避けているのではないか」ということを書いていた文章が非常に印象的でした。考えてみると、どうしてもっと積極的な社会行動について心理学者はやらないのかとその当時は思っていたのですが、こういう研究が出てきた

この座談会は、日本心理学会の第五一回大会でのワークショップ「向社会的行動」（一九八七年十月一二日）の折に行なわれたものである。

心理学では、思いやり行動のことを向社会的行動 prosocial behavior と呼ぶことが多い。広島大学の祐宗教授と私はその五年前（一九八三年）から、この学会の折にこの問題をとりあげたワークショップを持ってきたが、この年でそれを終りにするに当って、座談会を計画したわけである。

この会は、毎回二、三人の研究者に話題を提供してもらって、その後でときにはビールを呑みながら話し合いをするという楽しい集りであった。参加者は毎回五〇人前後で、思いやり行動の研究者がこの国にもそれくらいはいるということであろう。

五回目のこの会では次の三氏が話をして下さり、その後でこの座談会が行なわれた。

・松井　豊（都立立川短期大学）：援助行動のモデル

・松崎　学（別府大学短期大学部）：向社会的行動研究―その後の動向

・Perry, G. D. (Florida Atlantic University) : Application

のは、やはり必然性があったと思っています。

菊池 原田さんはいかがですか。

原田 私の場合、きっかけというのはまったく偶然でして、『実験社会心理学の進歩』という本の中のスタウブ[3]の論文をみて、何となく肌に合いそうな気がしたのがきっかけです。傍観者

(1) マッセン、P・H&アイゼンバーグ＝バーグ、N（菊池章夫訳）一九八〇『思いやりの発達心理』金子書房。なお同書の全面的改訂版が、アイゼンバーグ、N&マッセン、P・H（菊池章夫・二宮克美訳）一九九一『思いやり行動の発達心理』金子書房

(2) G・W・オールポート（星野命・原一雄訳）一九七二『人格と社会との出会い』誠信書房ほか。

(3) Staub, E. 1974 Helping a distressed person: Social, personality, and stimulus determinants. In L. Berkowitz (Ed.), *Advances in experimental social psychology*, Vol. 7. Academic Press. この論文でもとりあげられている傍観者効果（bystander effect）は、傍らに他人がいるために思いやり行動がされにくくなることをいう。

of Dodge's Social Information Processing Model of Social Competence to the Study of Prosocial Behavior（向社会的行動研究への社会的コンピテンスの情報処理モデルの適用）

松井氏の話は、これまでに発表された思いやり行動のモデルを比較論評したものであり、松崎氏は、近年のわが国での思いやり行動研究の動向を話された。当時立教大学に来ておられた、ペリー氏の話は、思いやり行動の基礎になっている社会的コンピテンス（能力）を情報処理モデルから考えた興味深いものであった。

そのときの座談会の記録をここで発表するに当って、その後のこの分野の研究動向を含めて注や図表をつけるとともに、編集しなおしたり、出席者の方々に加筆していただいたりした。心理学での思いやり行動の研究が、どういうことをめざしてやられているのかを理解するのに、参考になろうかと思う。

なお、星野命氏の当時の所属は国際基督教大学、また編者（菊池）のそれは福島大学であった。

（菊池）

効果のことがその中でも取り上げてありまして、あえて言うと、援助を抑制する要因についての研究を進めて行きたいという動機からやり始めました。

菊池　祐宗さんはどうしてかというのは、この五年いっしょにワークショップをしていますが、お聞きしたことがないのですが、なぜおやりになったのですか。

祐宗　そうですね。どうしてかと考えてみますと、大学院生の時、ミラーとダラード[4]の『社会的学習と模倣』という本を訳しました。当時、私は動物実験をしていましたが、その本の中には動物と子どもについての実験内容が載っていたんです。そういうことで、学習の研究をしてはいましたが、やはり動物と動物の関係、あるいは人と人との関係というのが私にとっては非常に関心があったと思います。それから広島女子大の児童学科に勤め、児童に関心を持つようになりました。その後、広島大学に幼年教育研究施設ができて、帰るように言われて戻りました。自分でしようとしたことももちろんですが、回りの環境がだんだんそれを求めてきた。心理学は何か意志とか動機とか言いますが、（笑い）やはりまわりの環境が非常に大きな力を持っていたと思います。そういうことで、学生の時にはフラストレーションというような言葉しか聞かなかったのですが、今言ったように、人間関係、動物間関係ということでずっと来ましたので、やはりもっとポジティブな面も研究してみたいと思うようになりました。しかしそのポジティブな面の一番のきっかけは児童公園での四歳児の自然観察[5]でした。そういうものから実際に興味を持ってきたので、文献からではありません。

いろいろな思いやり行動

菊池　なるほど。四人はそれぞれいろいろな理由から関心を持っているわけですが、そういう中で前半の発表でもいろいろご注文があり、たいへん難しい問題があるのですが、いったい思いやり行動（向社会的行動）というのをひとつにまとめて考えるということの意味があるのかどうか。思いやり行動にもいろいろあって（表4－1・表4－2参照）、おぼれている人を助ける人は、お金も貸してくれるかというと、そうでなかったりしますね。こう考えると、一般的な思いやり行動というのはないのではないかとも思われますが、そういうあたり、原田さんはどうお考えですか。

原田　菊池さんが提案なさっている思いやり行動の四つの条件[6]というのがありますね。相手を援助するためにされ、お礼やお金といった外的報酬を求めない、そのための労力や時間などのコストがかかり、自発的にされる行動というのですが。しかし、この全部を完備した行動とい

(4) ミラー、N・E&ダラード、J（山内光哉・祐宗省三・細田和雅訳）一九五六『社会的学習と模倣』理想社

(5) 祐宗省三　一九八二「家庭と子どもの向社会的・反社会的行動」祐宗省三編『子どもの社会心理I　家庭』金子書房　一二三－一六六。特に、この中の、一三五－一三六。

(6) 菊池章夫　一九八三「向社会的行動」『波多野・依田　児童心理学ハンドブック』金子書房　七一五－七三四、菊池章夫　一九八八『思いやりを科学する』川島書店

表4-1　思いやり行動の分類（高木　1982）

①　寄付・奉仕活動……他者のために自分のお金，血液，努力あるいは時間を寄付したり，提供したりすること。
②　分与行助……他者に自分の貴重なものを分け与える行動，お金を貸す，持ち物をわけてあげるなど。
③　緊急事態における救助行動……重大な緊急事態にあって苦しんでいる人に援助の手を差し伸べる，乱暴されている人を助ける，救急車を呼ぶなど。
④　努力を必要とする援助行動……身体的努力を必要としている事態で援助を提供する場合。近所の葬式を手伝う，クルマが故障しているのを助けるなど。
⑤　迷い子や遺失者（物を失った人）に対する援助行動……迷い子を交番に連れていく，忘れ物を届けるなど。
⑥　社会的弱者に対する援助行動……老人や弱者に援助の手を差し伸べる，老人に席を譲る，手を貸してあげるなど。
⑦　小さな親切行動……出費を伴わないちょっとした親切心からの援助行動。道順を教えてあげる，カサをさしかけたり貸したりするなど。

高木修　1982「順社会的行動のクラスターと行動特性」年報社会心理学，23，137-156.

うのは、まず聖人君子しかできないというふうに思われますし、菊池さんはその中のいくつかは欠けていてもいいと言われていますが、どこが欠けてもよろしいかとおききしたいと思います。

菊池　今日は司会ですから、しゃべらないことにしているのですが……。（笑い）四つの条件が全部満たされるのは、このタイプの行動の上限であって、愛他行動といったりしますね。しかし、多くの行動はそうではないのですね。星野さん、この点はいかがですか。

星野　こういう行動は動物の場合にも全然ないわけではないのですね。最近、働き蜂の愛他行動が問題になっていますが、あれは種としての遺伝情報でそうなってしまっ

表4-2　援助行動のタイプ（原田　1991）

援助行動型	援　助　行　動
金品の譲渡・貸与型	・お金を貸す　・食べ物をおごる　・プレゼントをあげる
紹介・勧誘型	・友だちを紹介する　・アルバイトを紹介する　・遊びなどに誘う
代行型	・友だちの代わりに買物に行く　・部屋の掃除をしてあげる
同調型	・買物について行く　・友だちにつき合って出かける　・一緒に帰る
小さな親切行動型	・落し物や忘れものを届ける　・棚の荷物を取ってあげる　・荷物をもってあげる
助言・忠告型	・進路についての相談にのる　・恥ずかしいミスを指摘する　・落度がないように注意する
気遣い・いたわり型	・相手の様子を気づかう　・体の調子を心配してあげる　・病気のとき見舞う

原田純治　1991「援助行動と動機・性格との関連」実験社会心理学研究, 30巻2号, 109-121.

ているので、人間の場合には一人一人の選択と決定によって人助けをするということで、これはやはり人間に許された、人間ならではの、もっともっと増やせる行動だと思いますね。だとすれば、やはり心理学の中のヒューマニスティックな流れに沿うものであり、人間生活にとってポジティブな面ということで包括していいと思います。そのあたりいろいろなものがあるから時には基準に合わないものも出てくるでしょうけれども、あまり細かいことを言わないで、それは人間生活を豊かにしたり、それを進めて行く上での大事な行動だという一種の価値観を入れない限りはまとめられないように思います。

菊池　いろんな思いやり行動があって、援助行動(7)や分与行動、寄付行動などがありますが、そういう中で、たとえば、研究の方法として実験的な方法を使うとすると、これは研究できるがこれはできないという問題が出てきますね。そうしたときに、まとめて思いやり行動の研究という扱いをすることが意味があるのかどうかという質問ですが……。

祐宗　やはり人間関係というものはおおざっぱにいうと、ポジティブな面があり、ニュートラルな面があり、ネガティブな面があるわけです。同じ人と人との同一の人間関係でも時によりネガティブであったり、ニュートラルであったり、ポジティブであったりする。一日のうちにまたこれが変化したりするというように、結局、人間関係というものは非常に複雑です。したがって、向社会的行動や愛他行動だけを研究するということではなくて、もっとそのあたりの関連で研究する必要があると思います。私は「援助なき援助」というようなことを考えているんですが、子どもの行動を約一ヵ月間連続的に臨床的に見たことがありますが、ある一定期間、たとえば一〇分間見ると全くアグレッシブです。これはきわめて攻撃的な行動をとるのですが、二時間後の給食の時間を見ると、いわゆる愛他的な行動が現れる。なぜだろうかということをいろいろ検討してみましたが、こういうことは実験的な研究では扱えないのではないでしょうか。実験研究を行う場合、それはそれでいいと思います。何か一つの要因がどれだけ効いたかを見るにはそれでいいのだとは思うのですけれども、実験と現実というようなこと、あるいは教育の問題、発達の問題を論じる時には、一人の人間をバラバラにするのではなくて、もっと一人の人間としてとらえて行くような研究をすれば違った理論も出てくると思います。

思いやりの実験的研究

菊池　その辺は、原田さんは実際に実験しておられて、どのようにお考えですか。

原田　話はそれるかもしれませんが、実験可能な設定をするためには、つまり測定する対象としての行動を決める時には、測定しやすい行動を先にしてしまいます。研究者によっては愛他的、向社会的な行動を三つか四つまとめて測定してなどということもあるようですが、いずれにしても断片的で、その結果を取りまとめて向社会的行動についての一般的なことを語るというのはとくに難しいのです。高木さんが行っていらっしゃるようなある次元からの行動の分類（表4－1）ということも、今後はとても大切だと思います。

祐宗　私は実験は実験で緻密に、今後いろんなレベルでいろんな方々がいろんな領域でやって

(7)　援助行動 helping・分与行動 sharing・寄付行動 donating はいずれも思いやり行動（向社会的行動）。分与行動は自分の持物を相手に分けてやることをいう。

いく必要はあると思います。それによって、この条件がどれだけ効いたかというようなことがだんだんこまかにわかってきますし、交互作用がわかってきたりします。たとえば、個人変数などというのはもっともっと研究していく必要があるし、それから個人変数(8)と状況変数との交互作用などもまだまだ研究されていませんから大いに研究する必要があると思います。ですから実験は実験で大いにやって、実験がいいかどうかという問題ではなくて、実験は大いにやって行く必要がある。しかし実験の中から新しい理論、モデルはなかなか出ないのではないかと思います。それはもっと現実社会の問題として、あるいは自分自身のアイデアというものから出でくることが多いのではないかと思います。日本の心理学者は外国のものをたくさん読むのはいいけれども、もっと個人のアイデア、あるいは現実のちょっとした事柄から何か取り出すということが必要ではないか。ですから実験は実験で大いにやらなくてはいけない。同時にまた何か新しいアイデアを出さなくてはいけないと思うのです。

菊池　そうですね。今おっしゃったことを少し発展させて考えてみると、思いやり行動の研究ではやはり状況条件の研究というのは非常に盛んでいろいろ成果が上がっていると思いますが、ただ現実にわれわれが心理学者以外の人たちと話す時には状況倫理で説明するのは、ちょっと調子が悪い。そこでどうしても、たとえば、思いやりある人の性格とは何かという問題が出てくるのですが、心理学者のやった研究ではその手のものはおおむね失敗していまして、あるいは出てきた結果が了解不能で、理解できないような結果が出てくるということが多いのですね。その辺は、性格心理学者でもある星野さんはどうお考えですか。

星野 さきほどの話の中で、性格の良さ、個人差という言葉で出てきましたが、向社会的な子どもとそうでない子どもは実際行動だけではなくて、何かそこに人柄あるいはパーソナリティの面の違いがあるとだれしもある程度わかっているのです。しかしその場合にいまさら気質の違いを持ち出すのか、あるいは共感能力(9)といったようなものを考えるのか。あるいは価値観、規範、特に日本人の場合の義理がたい人、あるいは恩返しをいつも考えている人、あるいは対人責任感というようなものもパーソナリティ要因としては充分考えられますし、それは内在化された価値、内在化された原則というものとして考えられるのですね。けれども、お返しをするということが本当に思いやりがあるのかどうかというのはまたこれ疑問になるわけです。むしろ何か強迫的に人に対しては受けたものは返さなければならないとか、あるいは困っている人がいれば助けなければならないという強迫的

(8) 個人変数とは思いやりある行動をする人のもっている条件（知能や性格、性別、年齢など）のこと。状況変数としては、周囲にたくさん人がいるかいないか、責任が与えられているかどうか、気分がめいっているか元気かといった条件が問題にされている。交互作用とは、この二つの変数（条件）がいっしょにはたらいていること。ラタネ、B&ダーリー、J（竹村研一・松崎和子訳）一九七七『冷淡な傍観者—思いやりの社会心理—』ブレーン出版などをみよ。

(9) 相手と同じ気持になって、相手の行動を予測できる能力のこと。春木豊・岩下豊彦（編著）一九七五『共感の心理学』川島書店 など。

なパーソナリティでしている場合には、当人の気は済むけれども相手が喜ばないような行動だということだって考えられるわけです。

実は一九八七年の六月二十日に札幌の北星学園大学で日本社会心理学会の公開討論会が開かれて、「援助行動」というシンポジウムがありました。そのときに北大の篠塚さんがコメンテーターとしてお話しになりましたが、この方は最近大きな病気をされてずっと入院しておられたのですが、お見舞いに来て下さる方が時には苦痛だと、お花や品物を持ってきたり、ある程度の時間慰めようとしていろいろ言葉をかけるけれどもちっとも病人の側のニーズに応えていないというんですね。だから客観的、あるいは主観的にみて援助行動だと思っても、受ける側にとってはたしてどこまでそれが援助なのかという問題もありますね。そうなるとパーソナリティ要因も考えなければならないのだけれども、同時にさきほどから出ている対人関係の中に、どういう前提条件があるのか、もともと知っている人の場合と知らない人の場合、身内と赤の他人ということによってもかなり変ってくる余地があるのではないかと思います。

思いやりをめぐる文化

菊池　そこらあたりのことになると、カルチャー（文化）もからんでくるのではないのですか。

星野　そうです。さきほどの三人の方への質問の中で、祐宗さんは盛んに文化の問題をおっしゃっていて、援助することが当たり前の文化と、援助しないことで黙って見ていることが援助になるような文化もあるということをおっしゃいました。人助けとか、ヘルピング（援助行動）についてはそれぞれの社会でやはり一つの歴史的な伝統、あるいは宗教的な背景もあるわけですから、そういうことを一切別にしてただある場面において援助行動が必要とされる、そのことだけに注目するということは普遍的なものを考えるということでは必要なのかもしれませんけれども、かえって何か抽象的なものしか得られないのではないかと思うのです。やはりもっと社会の文脈や文化の文脈に即した行動の問題も大事なのではないか。たとえば、日本では相手が援助をあてにしているだろうと思って援助する場合があります。

つまり相手の甘えを先取りしてこちらが甘やかすというような行動というのは援助なのか援助でないのかとか、結局はこちらの期待とその期待に応ずる役割というものとの微妙な関係が出てくるのではないかということです。

それから日本の場合、良いことをしたり、あるいは援助した後で援助した人がこれは出すぎたことではなかったのか、分不相応なことをしたのではないかと反省してしまう。こういうことは外国でもあるのかどうか知りませんけれども、恐らく日本では援助行動、まわりの人は傍観しているのに自分があえてやってしまったといった時に、その恥ずかしさ、いいことをしたにもかかわらず恥ずかしいという感情は免れることはできないという、このあたりのところは極めて日本的だと思うので、今後検討する必要があると思います。

菊池　予想通り、いろいろなことが出てきていますのでちょっと前に戻します。さきほど祐宗さんから向社会的な問題だけではなくて、もっと広く考えてやる必要があるというお話が出ましたし、それから星野さんもそれをさらに広げたお話をされましたが、その辺は原田さんは簡単には賛成なさらないと思うのですが、いかがですか。

原田　正直言って、私は今、向社会的行動しか眼中にないものですから、今のところはそれ以外の所には目が向かないわけです。たしかに生きている人間は社会的な側面だけではないわけですから、統一された人間として取り上げるためにはいろんな関連領域との考察もこれから必要なのでしょうけれども、今はちょっと余裕がないものですから、他の方々にお願いしたいと思っています。

菊池　余裕がないと言われましたが、なぜそういうある問題のところへ集中するということになるのかですね。それは方法[10]的な問題とか、そういうものがからんでいるとお考えですか。

原田　そうですね。まだまだ精緻化して行かないといけない点がたくさんあります。研究の対象の点でも、研究の方法にしろたくさんありますから……。

祐宗　私は実験主義で生まれて育ってきた人間であるだけに最近思うことがあります。それはさきほどから申しあげてきたことと関係が深いわけですが、心理学は分化し、分化していって、ともかく一つのことを実験主義のもとにやってゆくという方向にあるわけです。これはさきほど言いましたように、ある一つの変数を取り上げてその効果を見るやり方、これは結構である し、大いにやらなくてはなりませんし、私もし ていますが、一面、やはり欠けている点がある。人間理解という面から見ると、丸ごと見て行く というとちょっとまた以前に戻って行くかもし れませんが、ある程度丸ごと見るようなところ が必要ではないかと思います。仮にあの人は思 いやりのある人かと誰かに聞いたとすると、「そ うだ」という人と、「そうではない」という人 がいる。そこが今の心理学の研究の重要な点で あると思います。教育学、哲学などはもう少し 分化してくれればいいなというような点があり ますが、心理学は分化しすぎている。だから人 間行動を理解するための学問が心理学だという のですが、人間行動をバラバラにして理解する のが心理学と言えばそれはそうですかとなる。（笑い）ですが、もう少し私共は人間を丸ごと 見て行く場合には、やはりこの人はこういった 場合には非常に援助的な行動が起きるが、しか し相手がこういう場合には絶対に起きないとい うようなことがあると思います。心理学はもう 少しそのあたりをきめ細かにやってゆけば、他 の学問領域から手を差しのべてもらえるのでは ないか。今のままであったらちょっと独りよが りのようなところが無きにしも非ずということ をあえて申し上げたい。

(10) 思いやり行動の研究法としては、場面テストなどの実験的方法、評定法、仲間評定、自然観察法、例話を用いた面接法、質問紙法などがある。方法がちがうと入手できる資料がちがい、とりあげることのできる行動の側面もちがってくる。アイゼンバーグ、N＆マッセン、P・H（菊池・二宮訳）前掲書の第二章などをみよ。

思いやり行動のモデル

星野　今のお話を聞いていて。さきほど松井さんがいろいろなモデルを紹介して下さり、まとめられたのですが、援助行動を必要とする促進要因というのはいろいろ考えられると思います。そういう促進要因がなければ援助行動は起きないということですが、同時に援助行動をしたいと思っている、それがいいと思っている。そして場面は必要としているにもかかわらず援助行動が出てこない理由、結局、抑制要因なり阻害要因ですね。これは促進要因が少ないとか、ないからそうなのか。それから本人がその状況に気がつかないということだけではなくて何かもう少し妨害要因というか、そういう要因を考える必要がありますね。とくに日本の場合には、高校生などとくにそうだと思いますが、良いことをしたい、たとえば、いじめをしているのを止めたいとか、あるいはいじめは悪いことだと言いたいけれども、それをすれば逆にやられるというふうな状況では、やはり促進要因モデルも大事ですけれどもいろんな妨害要因があって援助行動がスムーズに行かないという面の研究が大切なように思います。これは攻撃行動とも関係のあることですが、そこまで広げないで、もう少し援助行動の中での問題としてやっていいのではないかという気はしています。

菊池　その点について申しますと、私たちは思いやり行動が起こるところまでは細かくやっていますけれども、起こった後で相手がどういう気持ちを持つかとか、そこからわれわれが満足を得るかどうか、コミュニケーション分析で言うと効果分析みたいなものが今のところほとんどない。実際はそこのところにネックがあって、星野さんが言われたようなことが起こってくるのではないか。現実問題としては、そのためにどういう実験デザインが組めるかとか、そういう方法的な問題がからんでくるのではないかと思います。

さて、思いやり行動のモデル(11)の話に移ってきているようですが、原田さん、いろんなモデルが出ている（図4－1・図4－2参照）のですが、いかがですか。

原田 さきほど松井さんが紹介されたように、実際に行動が出てくるまでの時間的な経過を示すモデルと、因果的なモデルというものがまだごっちゃになっていまして、それはそれでいいのでしょうけれども、私は頭が緻密でないからでしょうけれども、モデルというのはあまり好きではありません。モデルを精緻化して行くと、まさにＬＳＩか超ＬＳＩかわかりませんが、回路図あるいは機械の配線図みたいなものが結局は出来上がってしまうのではないか。そうすると、僕らが持っているパソコンのような感じになってしまって、数値さえ入れれば結果が出るという、結局はモデルがブラックボックスみたいな、パソコンみたいな感じになってしまうのではないかという危惧があります。ですから、

(11) ある事柄を構成していると考えられる要因をあげ、それらの要因の間の関係を示したもの。文章で表現されたもの、図式によるもの、数学的なものなどがある。図4－1・図4－2に示したのは図式モデル。モデルは研究の現状をまとめるとともに、これからの方向づけをするのに役立つ。

今のところ私はモデルは時間的な経過というようりは因果的な、あるいは研究を整理する意味でのモデルの方は面白く見ているのですが、その他のものは本当にそうかなという気がしていつも見ています。

菊池 そうですね。ウソにしてもよく出来たモデルというのはたくさんあってたいへん便利ですが、（笑い）考えてみると、そういうモデルが必要とされる理由はあるわけで、モデルを考える時にどういう目的で作られたモデルかというのがはっきりしなくて困るということはありますね。この点ではむしろ、ミニモデルみたいなものがたくさん出てくるといいのではないか。私のデータはこういうモデルで説明がつくというようなものがたくさん出てくるといいのではないかと思ったりもします。そうなってくると

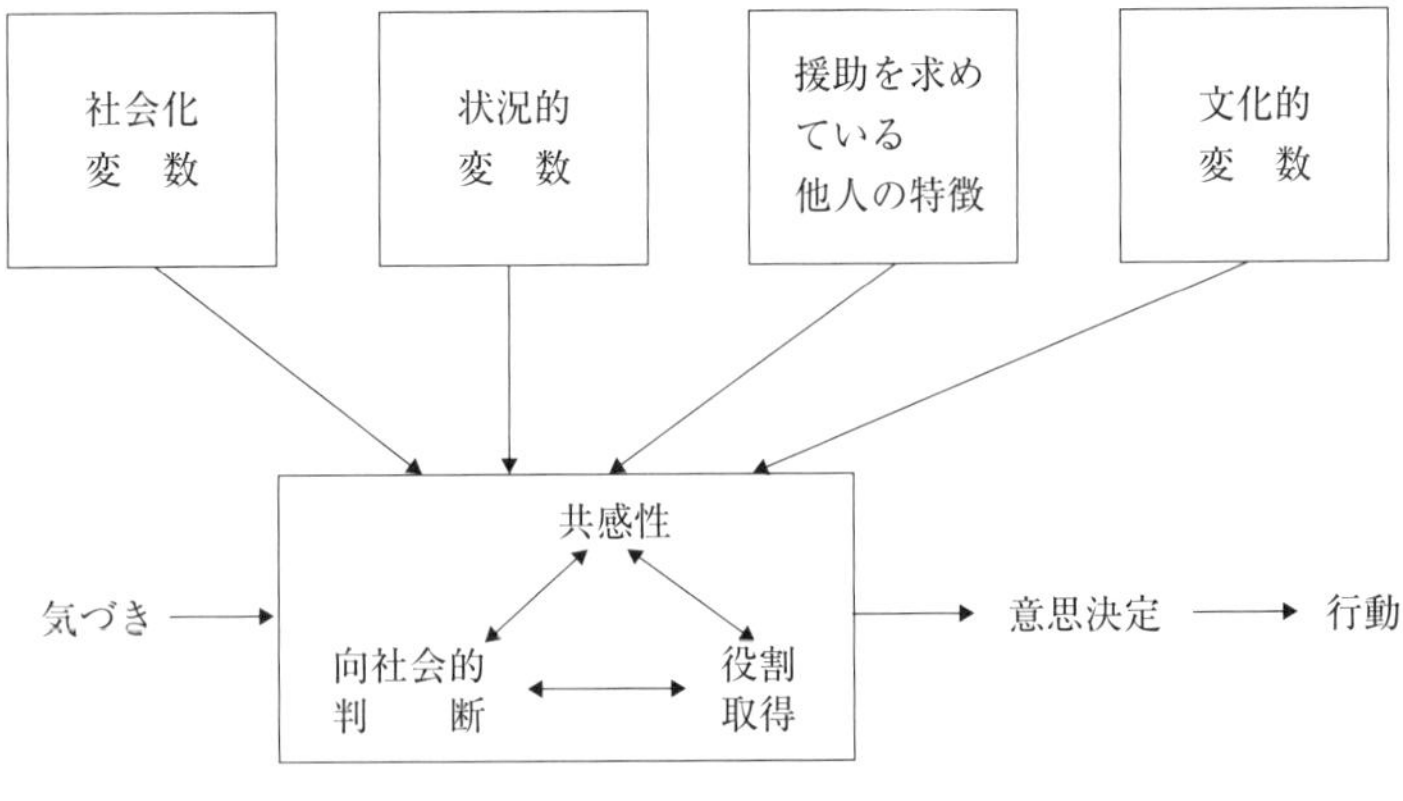

図4-1　向社会的行動のモデル
（菊池章夫　1983「思いやりの心理」依田明・永野重史（編）『ひととのふれあい』新曜社, 75-91）

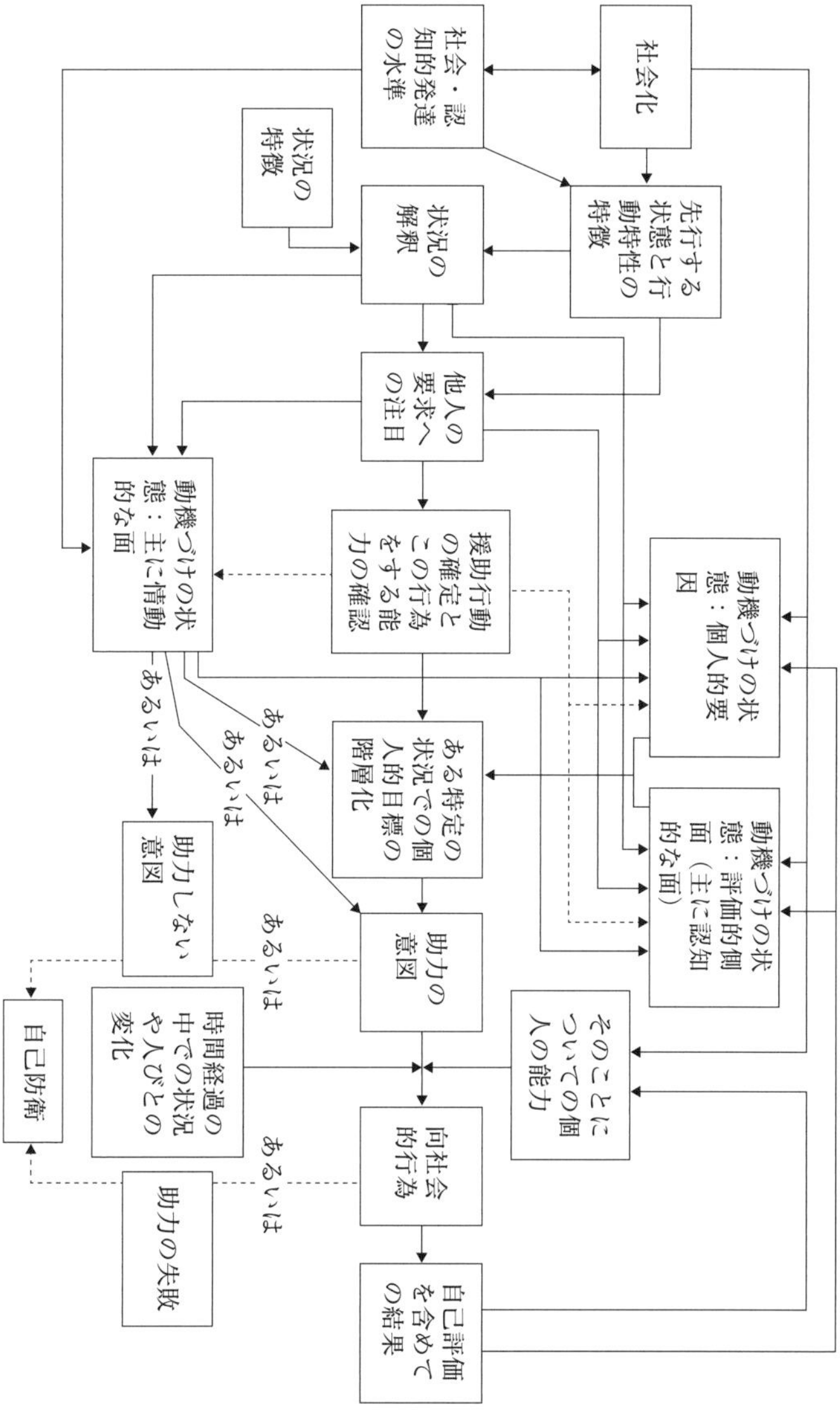

図4-2　向社会的行動のモデル（アイゼンバーグ 1986）

また話が細かくなってということになると思いますがね。

星野　一つ疑問があるのですけれども、援助行動という人間の社会的行動ですが、これはいわゆる因果関係、それの分析ということだけが、一つの考え方なのでしょうか。さきほど祐宗さんも丸ごとということをいわれましたが、人間行動が因果関係だけで解釈出来ないというか、場合によっては同時性[12]みたいなものも含めた包括的立場は成り立ちませんか。

菊池　ユング的ですね。（笑い）

星野　ええ、ユング的かもしれませんが。あるいは何かいろんなことが、要素としてはいろいろあっても、決定的なものがない時に一つのある事件、ある出会いがあって、それが一つの行動を非常に強める。普通の計算ではそうなるとは思えないのに、やはり対人関係の微妙なところからある行動がそこで突出して、そこで一種の人格変換とまで言わないにしても、非常に大きくその人のライフスタイルが変わるということは人生では珍しくないわけです。だから援助行動というものの生起と実行に関して因果モデルだけでないモデル、むしろ稀少、あまり数多くは起きないのだけれども、起こった事実から推論して何か考えられないかということを思います。

菊池　そのことと関係することで、前にも出ていたことですが、思いやり行動の研究ではどうも個人差の問題というのはあまり取り上げていなくて、そこのところが一つ問題ですよね。あるいはさきほど星野さんが言われたことの関連で言うと、たとえば、状況というと、われわれは目の前の状況だけ取り上げているのですが、その人の一生の中で一回しか出会わない状況で決定的な影響を与えるというのがあります。そういう点についてはクリニカルな研究というのでしょうか、そういうものが、特に日本の場合はあまりなくて、臨床心理の人たちは出会いということをしょっちゅうおっしゃるわけですが、ああいうのとわれわれがやっていることはどこかで結びつくだろうと思いますが、その辺はどうなっているのでしょうか。

星野　最近、いわゆるエンカウンターグループとかグループプロセスでやっていることというのは、なかなか普通の日常の状況では表出できない自分の気持ちとか考え、あるいは実際にうっかり手助けをすると手痛くやられるということのおそれから何もしないでいるという状況を、グループの中で安全な雰囲気を作って、そこで自由に発揮できるという試みをしています。ですから、そこで試みられていることは実験的という見方もできるけれども、別にその変数を操作しているわけではなくて自然発生的に起きてくることについての援助行動が見られるわけです。みなからいろいろ言われると落ち込んでしまってガックリした人について、みなが何とかしなければならない、そのまま帰せないという状況の中ではいろいろなことを試みて、そしてやがてその人が非常に明るくなって元気が出るし、自分のことも見直すというふうな、これはまさに援助行動をそこで促進させることです

(12) 噂をしているとその当人が現われたりするのは偶然ではなくて、そこにある原理（同時性の原理）がはたらいているとされる。

よね。だからファシリテーター（促進役）と言われるリーダーは、そういう援助行動の促進媒体だと考えてもいいわけです。そういったところに、たとえば、実験的な立場で一人の方が観察者として入っていって、どういう変数とどういう変数をそこで押さえておくというやり方をすれば、もっと日常生活に近いところでの援助行動の研究もできるかもしれないということを思います。

思いやりの発達など

菊池　これまで思いやり行動を研究してきたのは、社会心理学者と発達心理学者ですが、ここらで発達的なことを少しお話いただけますか。

星野　河合隼雄さんが『子どもの宇宙』(13)という本を出されましたが、あれを読むと子どもにはもともと人助けをしたい、あるいは思いやりというのがあるけれども、それを何となく抑えてしまう大人の考え方がある、それをわれわれとしては反省しなければならない、ということが書いてあるわけです。何かあまりにもわれわれはこうすれば子どもはこうなるだろうとか、あるいはこうしてしまうから子どもがこうならないのだとかと、やはりそこで因果的に考えるために、自然道徳的な子どもの援助行動を押さえてしまっているという面がありはしないかと思います。

そのことと関連して、私は「援助行動は発達課題たりうるか」ということをぜひ発達心理学の方におたずねしたい。普遍的に、世界のどこでも援助行動がいわゆるハビガーストやエリクソン(14)の言っているような発達課題の一つたりうるか。あの中にもかなり入っていると思うのです。だけどそれは文化、社会を離れて一般的に発達課題たりうるかということをぜひうかがいたい気がしています。

祐宗　今お聞きしていて、発達ということを二つの面から取り上げてみたいと思います。一つはいわゆる人間発達、ハビガーストが出てきたり、エリクソンが出てきたりするわけでしょうけれども、もう一つは、年齢とは直接かかわらないで、この人がどういう状況の下で、どんな時に、何がきっかけで、寄付行動をどんどんするようになったとか、あるいは人助けをするようになったとか、あるいは自己犠牲を顧みずにいろいろ社会に貢献するとか、いろんなことがありますが、そういう面の発達も一つあると思います。ですから発達という場合には両面があると思うのです。一般には前者の年齢発達をいうことが多いのですが、これはいわゆる道徳性の発達というものから持ってきて論ずる人が多いのですが、これだけでは不十分だと思います。たとえば、コールバーグの道徳性の発達段階(15)にしても幼児のところはほとんど問題にしていま

(13) 河合隼雄　一九八七『子どもの宇宙』岩波新書
(14) ハビガースト、T・Rはアメリカの教育学者。エリクソン、E・Hは精神分析的立場の発達理論家。いずれも発達のそれぞれの段階で達成しておかなくてはならない課題（発達課題）があるという。斎藤耕二　一九九〇「発達課題と社会化」斎藤耕二・菊池章夫（編著）『社会化の心理学ハンドブック』川島書店　一五一－三四を参照のこと。
(15) コールバーグは、子どもの道徳的推論を例話法による研究から六つの段階に分けた。コールバーグ、L（永野重史監訳）一九八七『道徳性の形成』新曜社

せん。年齢発達という面から見る時に、何か既成のコールバーグの理論からとか、何々の理論からというのでは不十分だと思います。もっと心理学は現実の子どもの、今の子どもの道徳意識はどうなっているのか、この面が心理学では非常に欠如していると思います。誰かの理論を持ってきてどうだというのですが、そういうのではなくてもっと今の子どもの実態というものをよく見てそういうところから、さきほどから申し上げますような発達の問題を取り上げてゆく。そうすると発達課題も自ずとその辺で接点が出てくるのではないかという気がします。

あとの方の個人内の発達というのは、発達心理学や社会心理学にとどまらず、やはり個人研究というものをやる人が出てきたらいいと思います。心理学はもう少し個人研究というのもやってみたらいい。これはちょっと逆説になりますが、私はここ十年ぐらい前に必要があって、二、三の人の個人研究をしたことがあります。もっと一人の人の論文が百二、三十あって、いったい、その関係がどう変化しているのか見たらこれは一貫性がないんです。（笑い）その一貫性がないのがみなそれぞれAの理論でそれを取り上げて、この人はAの理論だというのですが、まったくAの理論では説明のつかない論文がいくつも出てくるわけです。こういう点はそれはそれで、その人としてはいいと思うのですけれども、なぜその人がそのように変化したのであろうかという点の研究が実は私の言う人物研究で、面白いのではないかと思います。したがって、個人内発達という面から向社会的、あるいは愛他的行動といったものを研究してみると意外に面白いものが出てくるのではないか。心理学の一つの研究領域だろうと思います。

菊池　社会心理学的な研究と発達心理学的な研究が交わるためには共通の概念が必要で、私は社会的スキル(16)というのは可能性があるのではないかと思っています。今のところ社会的スキルとは何かというのはゴタゴタしていますが、この手のことが少しはっきりしてくると、さきほど星野さんが言われた援助行動は発達課題たりうるかというような問題にも答えられるのではないかというふうな気はしているのです。ただ社会的スキルの中味そのものが極めて文化によって規定されてくるわけで、座談会に出てくれとお願いするとすぐ出て下さるのは日本的なのかどうかよくわかりませんが、（笑い）そういう問題もからんできますし、社会的スキルの尺度ができてくると、さきほど祐宗さんが言われた二つの発達という問題も処理ができるのではないかと思っていますが。

原田　そうですね、社会心理学の立場からやっていると、時には年齢段階による取り扱いをするわけですが、そのときいったい、個人の中で何が変化しているか、それはまったく年齢とは関係なしに何が個人内で、あるいは状況の捉え方も含めて、何が変化したかということを詳細に捉えて行きつつ、それに加えて発達的な見方をしなくてはいけないのですね。それをいままの所、単に年齢段階だけで括ってやっていますが、

(16)　対人関係で相手から肯定的な反応がもらえ、拒否されたり否定的なとり扱いをされないようなスキル（技能）。菊池『思いやりを科学する』（前掲）一八七－二〇四をみよ。

これは自戒の念を含めていうのですが、そこらの検討が必要ですね。

これからの思いやり研究

菊池　いろいろなお話がありましたが、これからの思いやり研究としては、どういうことを問題にすべきでしょうか。

星野　まずこのワークショップが今回で終わりだというのはたいへん残念な気がします。祐宗さんや菊池さん、その他の方々が中心になってずっとこれを続けて来られて、少なくともきょうのワークショップは私にとってはそれこそ援助的で、いろいろ教えて頂いたということがあるし、またこういう自分の考えを述べる機会も与えられたわけですからね。こういう研究会みたいなものは続けて頂きたいということをまず思います。共通の理解があるところに、学会発表を聞いていていても何をしていても、お互いに何が新しいかということの判断もできますけれども、普段何もない、あるいは文献だけですとちょっと心許ない気がするということを申し上げたい。

菊池　原田さんは、いかがですか。

原田　私が面白いと思うテーマは、独りよがりの援助はある意味では攻撃の一つだということですね。つまり援助する人の側の研究がやはり先にどんどんなされていて、私たちが忘れてしまっているもう一つの側、援助される側の研究が大切ですね。それとまた別な意味での未開拓な分野ですが、援助することイコール善という考え方に疑問を持ちます。この点でのマイナス面というのがたくさんあると思います。このことを研究することで初めて独りよがりではない、真の意味での援助ということがわかって、それが援助する側にフィードバックされて、どうすることが真の援助なのかということがわかってくると思います。ちょっと抽象的ですが、思いやり行動のマイナス面について追求する必要があると思います。

星野 その点に関連して、最近は老人福祉の分野で、いったい老人に対する援助では、何が真の援助になるのかをめぐっていっぱい事実が集められていますから、それをやはり心理学者が検討するということも大切ではないでしょうか。

菊池 祐宗さん、最後にまとめのようなことを。

祐宗 私はいつも勉強しようと思いながらできないのが哲学です。思いやり行動とか愛他行動を研究するにはコント哲学を勉強しないとだめだということをいつも文系の人から聞くのですが、そういうところの研究をどなたか、心理学者としてやっていかれたらなあという気持ちがしています。あるいは社会学、宗教学、文化人類学でもこの問題はとりあげていますし、非常にこの領域は心理学の中でも将来性がある。将来性があるだけに地道に進んで行かなければならない。そしてあちこちに関連の多い領域だということになります。その中で心理学はどの守備範囲でゆくのかということを決めてゆくのが、これからのわれわれの仕事ではないかと思っています。富士山にいろいろ登り口があるように、やはり心理学は心理学としての登り口を持っていないと「虻蜂取らず」になるということです。それといっしょによその登り口もしっかり見てかからなくてはならないのではないかということを最近特に感じています。

菊池　なるほど。心理学をやっている私たちの視野のせまさということを感じますね。きょうはどうもありがとうございました。

（一九九一）

5 思いやりの心のなかは

心のなかをのぞく

ある人のやっていることが思いやりある行動であるかどうかはわかるとしても、その人がどういう気持ちでそれをやっているのかを知ることはむずかしい。だから心理学者たちも、思いやり行動の研究はするけれど、思いやりの心にふれることはあまりしない。思いやり行動は見えるけれども、思いやりの心は見えないのである。

とはいっても、やはり思いやりの心は知りたいし、そこにどんな気持ちの動きがあるかは知りたいことである。そのときに自分がどんなことを考え、どんな感じをもっているかを反省してみるのはひとつの方法である。そうしてみると、思いやりある行動を支えている気持ちにはいろいろな場合があることがわかる。誰もが思いつくのは、思いやりある行動は思いやりある心によって生まれるということである。

困っている人や悩んでいる人を見れば、その相手の気持ちがこちらに伝わって、こちらも同じような気持ちになる。いぜんに同じようなことで自分も困ったり悩んだりしたことを思い出せば、相手がいま何を考え、何を感じているかはいっそうよくわかる。この心の動きは「共感」と呼ばれていて、それが思いやりの心のひとつの場合である。

しかしときには、困ったり悩んだりしている相手を見るのがつらいということもある。この場合には相手の気持ちがどうこうというよりも、自分の感じているつらさが問題である。こちらの気持ちとしては、どうにかしてこのつらさから逃げ出したいということだろう。

そのためには、困ったり悩んだりしている相手を助ければよい。そうすれば、こちらのつらさも相手がニコニコすることで消えてしまう。このつらさのことを「個人的苦痛」と呼ぶ。思いやりある行動は、相手のためというよりも、もっぱらこちらの個人的苦痛を解消するためにされる。

こうして自分の心をのぞいてみると、思いやりある行動をとるときには、少なくとも二つの場合があるといえる。ただこのことを自分の反省としてだけでなく、他人についても確かめ、もっと一般化して論じるためには、データとしてそれが示せないといけない。社会心理学者のバトソンは、ここ十年ほどこのことを考えていて、困ったり悩んだりしている相手に出会ったときにこちらが感じる気持ちをデータとして示そうとしている。そのやり方を説明しよう。

A　落ち着かない　動転した　混乱した　苦しい　不安だ

B　同情する　情け深い　気づかう　思いやりある　やさしい

Aの形容詞はもっぱら自分の気持ちだけをとりあげている。困っている人や悩んでいる相手を見ると、自分が落ち着かなかったり、混乱したり、不安になったりするのである。

Bの形容詞では、相手の気持ちに注意が向いていて、そのために同情的になったり、情け深かったり、思いやりをもったりしている。

Aでは個人的苦痛が、Bでは共感がとりあげられていることになる。困っている人・悩んでいる人に出会ったときの気持ちを、この形容詞に○印をつけることで示してもらえば、その人の気持ちが個人的苦痛なのか共感なのかがわかるといえる。

ある実験

バトソンはこのやり方を使っていくつかの実験をしているが、そのひとつを紹介してみよう。

この実験の被験者は女子大生たちで、キャンパスのラジオ局が作ったテスト版の番組をきいて、その感想を話してもらいたいといわれている。その際に半数の学生は、番組をできるだけ客観的にきくようにいわれていて、番組に出てくるエピソードや人物のことよりも全体的な構成に注意を向けるようにいわれる。残りの半数の学生たちは、そこに出てくる人物の気持ちに注意して、自分だったらどんな気持ちになるかを考えながらきくようにといわれている。この操作は女子大生たちが、番組を客観的にきくか共感的にきくかという別々の構えをとらせるためのものである。

テスト版の番組は、同じ授業に出ているキャロルが交通事故で入院していて、授業には出てこれないという内容である。番組をきいた後で、女子大生たちは自分の感じた気持ちをA・B二種類の形容詞に○をつけることで示すようにいわれる。客観的にきけとか共感をもってきけとかいわれたことが、この記入の仕方にちがいを生むのだろうか。

記入が終わると、女子大生たちに二通の手紙のコピーが渡される。一通はキャロルからのもので、ケガをして授業に出られなくなったこと、ノートを貸したり授業のことを話しにきてくれたりして、自分を助けてもらいたいことなどが内容である。もう一通は担当の教授からのもので、キャロルをいろいろと援助してもらいたい、その気持ちのある人はそのことをメモにして後で出してほしいことが記されている。

キャロルの手紙には二種類あって、半数の女子大生に渡されるものにはケガは大したことがないから学期の後半には授業に戻ると書いてある。残りの半数に渡される手紙は、今学期はもうこの授業には出られないという内容である。同じ授業に出ている女子大生たちの半数はまたこの授業でキャロルと顔を合わせるが、半数はもう会わないということになる。バトソンは前のほうを「逃げにくさ条件」、後のほうを「逃げやすさ条件」と名付けている。

ラジオ番組のきき方に二つのタイプ（客観的と共感的）があり、キャロルの手紙が二種類（逃げにくさ条件・逃げやすさ条件）あるから、被験者の女子大生は四つのグループに分けられることになる。客観的にきいた学生たちの半数は後でキャロルは戻ってくるといわれ（逃げにくさ）、半数は戻ってこないといわれ（逃げやすさ）ている。共感的にきくことを求められた学生たちにも、これと同じ二つの場合がある。

さてこの四つのグループのなかで、どのグループの学生たちがいちばん援助を申し出たのだろうか。結果は予想通りで、共感的×逃げにくさ条件のグループの申し出率がもっとも高くなっている。番組に出てきたキャロルの気持ちを考えてきけといわれ、キャロルは授業に戻ってくるとされたグループは、ノートを貸したり話に行ったりしてもよいと申し出る。

共感的×逃げやすさ条件でも、いくらか低いものの申し出率はほぼ同じで、共感的になると条件によるちがいはあまり生じないことがわかる。それに対して客観的にきくようにいわれた二つのグループでは、申し出率は大きくちがっている。客観的×逃げにくさ条件の学生たちの申し出率は、これまでみた二グループとあまりちがわないが、客観的×逃げやすさの条件の申し出率はほかの三グループの半分以下で、最低になっている。

キャロルの気持ちよりも番組全体の構成に注意してきくようにいわれ、キャロルはもう戻ってこないとされた場合に、援助の申し出率がいちばん低くなっている。

ここで問題になるのが、客観的×逃げにくさ条件のグループである。番組全体に注意してきけといわれ、共感的にならなかったこのグループの女子大生たちの申し出率は、共感的にきけといわれた二つのグループとあまり差がなかった。その理由を考えるには、前にみたA・Bの形容詞にどう○がついているかをみるとよい。

共感的にきいてといわれたグループの学生たちはA（落ち着かない・不安だなど）にもB（同情する、やさしいなど）にも○をつけていた。それに対して客観的×逃げにくさ条件の学生たちが○をつけたのは、BよりもAのタイプの形容詞で多かったのである。同じきき方を求められても、逃げやすさ条件ではA・Bともあまり○がつけられていない。

このことからいえるのは、思いやりの心には共感だけでなく個人的苦痛も含まれていることがデータとして示せたということである。キャロルがまた戻ってくるという逃げにくさ条件では、キャロルの苦しみを想像して苦痛を感じることが思いやりある行動をとらせる理由になっている。このときに問題なのは、この苦痛を解消するということであって、キャロルの苦しさがわかることではない。

思いやりの心のモデル

思いやりの心に二つがあることをみたが、さらに考えると三つめもあるかもしれない。人によってはこの三つめが基本であるともいうし、それだけだという人もいる。それは自分の得になったり、他人から叱られることを避けたりするために、思いやりある行動がされる場合である。相手からお礼の品やお金がもらえるのは得になることのひとつであるが、みんなからはほめられたり相手からありがとうといわれることは別の例である。

「よくやった」と自分をほめるのも得のなかに含めてよいだろう。まわりの人たちから無視されるのはいやだし「だめな奴」と自分を思うのもやり切れない。こうしたことのために思いやりある行動がされることがあるが、それはまったく自分自身のためのものである。このタイプの行動のなかには、結果的にたいへん相手のためになる場合がある。

バトソンは近刊の著書のなかで、ここまで考えてきた三つの思いやりの心について、図5－1のようなモデルを示している。パス（通路）1が自分の得になったり罰を避けたりする場合で、「報酬追求的で罰回避的」とはそういう意味である。このタイプの行動は、結果として思いやりのあるものであっても、動機としてはまったく自分自身のためのものであるから、利己的なものといえる。

そのために、このタイプでは「快楽計算」として示されている損得を見積るところが大切で、この行動をとるためのコストとそこから得られる利益との差が問題になる。さらにいえば、何らかの得があれば、その行動は必ずしも相手のためになるものでなくともよい。

モチベーションの状態	快楽計算	行動反応
(a) 援助して報酬を得たり，(b) 援助しないための罰を避けたりしようとする利己的なモチベーション	(a) 報酬を得るための援助と，(b) 別の援助をしたり，罰を避けるために逃げることについての相対的な損得分析（利益－コスト）	(a) 報酬を得るための援助をする（必ずしも効果的でなくともよい），(b) 別の援助をしたり，罰を避けたり，あるいは何もしなかったりすることのどれがいちばん誘意性があるか
覚醒を低減させるような利己的なモチベーション	ある援助をすること，別の援助をすること，逃げることの損得分析（利益－コスト）	ある援助をすること（効果的に）・別の援助をすること（効果的に）あるいは覚醒を低減させるために逃げること，または何もしないこと，このどれがいちばん誘意性があるか
他人の要求を低減させる（充たす）ような利他的モチベーション	ある援助をしたり，別の援助をしたりすることについての損得分析（利益－コスト）	他人の要求を低減する（充たす）ように，ある援助をすること（効果的に）あるいは別の援助をすること（効果的に），さらに何もしないこと，このどれがいちばん誘意性があるか

(Batson, C. D.　1987)

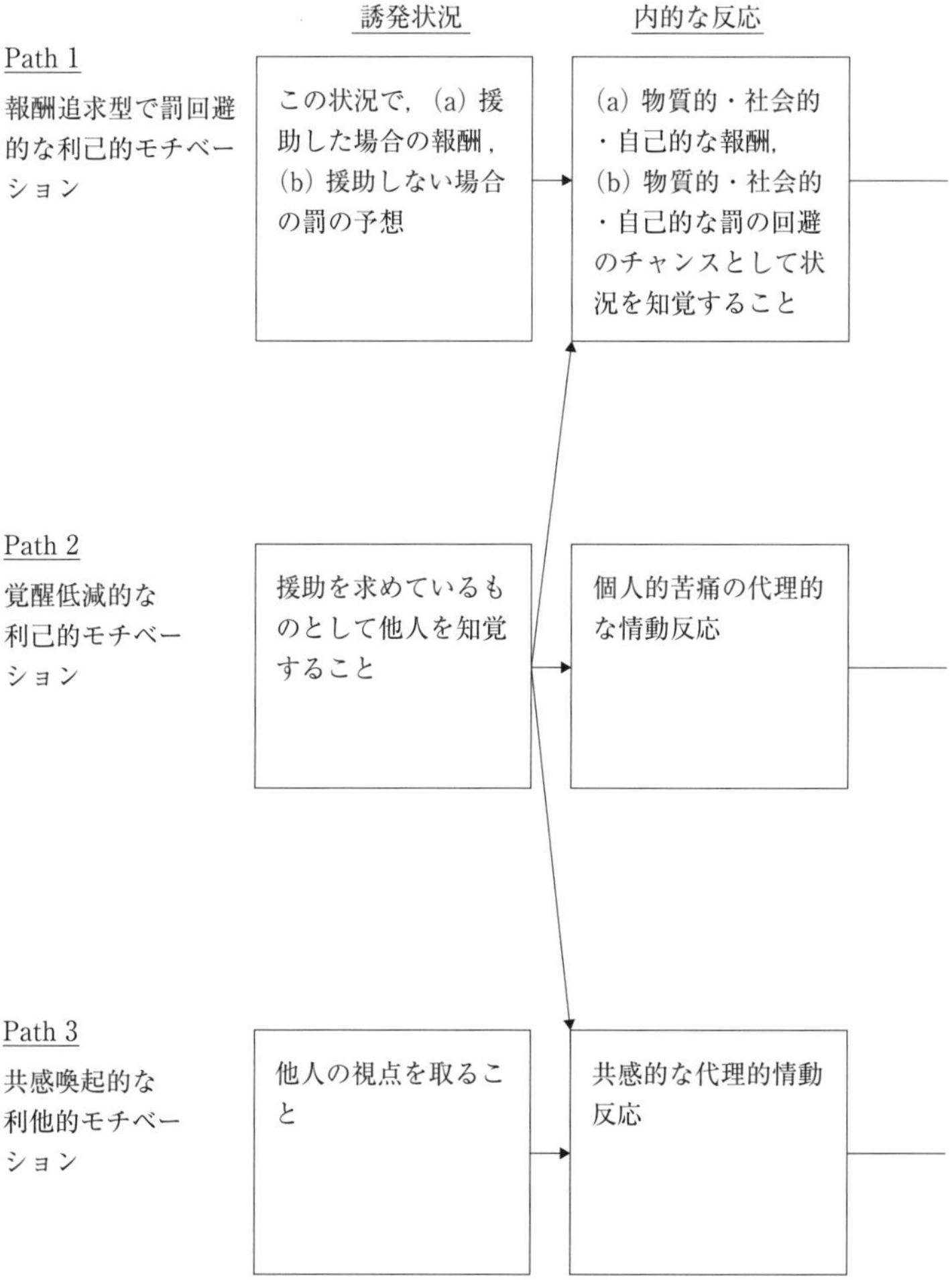

図5-1　思いやりの心のモデル

パス2はこれまで個人的苦痛として考えてきたもので、困っている人や悩んでいる相手に出会うと落ち着かなくなったり、不安になったりする場合である。落ち着かなさや不安といった「覚醒状態を低減する」のがこの場合の対応のしかたであって、相手の相談に乗ったり相手をなぐさめたりすることになる。

それは結果として相手のためになるが、動機としては利己的である。逃げやすさ条件では相手を避けたり、その場から消えたりすることで覚醒は低減される。しかし逃げにくさ条件では、思いやりある行動がうまくいかなくては、そうはならない。

相手の気持ちがこちらのものになり、それによって思いやりある行動が生ずるのがパス3の場合である。動機としては利他的であるから、それを満足させるためにはいくつかの行動のあいだで、そのどれがより思いやりのあるものかが問題になる。そのためには、思いやり行動についていくつかのレパートリーが身についていないといけない。このタイプはここで共感として考えてきたもので「共感喚起的で利他的」なものということになる。

この図をじっと見ていると。思いやりの心について。さらにいろいろなことが考えられそうである。

（一九九二）

6 思いやり行動と性格

思いやり行動とは

思いやりは「思い遣り」とも書いて、もともとは自分の気持ちを相手のほうに向けることをいっている。この場合の相手は故郷に残してきた母親のこともあり、ここしばらくは会えずにいる恋人のこともあるから、その相手に向ける気持ちはほのぼのとしたものになったり、いささか切ないものであったりする。しかし現在、性格や社会、発達といった心理学の領域で研究が盛んなのは、こうした気持ちとしての思いやりではなくて、おもに外面に現れた行動としての思いやりである。こうした行動（向社会的行動 prosocial behavior と呼ばれることが多い）の例は表6-1（90ページ）に見ることができるが、そこで問題にされているのが「急ぐ人のために順番をゆずる」とか「おつりが多かったときに注意する」といった外面的な行動であることがわかる。もちろんこの場合に、こうした行動の背後にある気持ちがもたれているのは確かであるが、それはひとまず置いて、まずは外に現れた行動を問題にしようというわけである。

この表6－1に並んでいる行動には、次の四つの共通する特徴があるといえる。その一つ目はいずれもが相手のためになることで、相手に対する援助となっているという特徴である。こうした行動では、どの場合にも相手のためを思い、相手の状態を好ましいものにしようとする気持ちがはたらいているといえるが、さし当たりその気持ちは問題にしない。気持ちはともかくとして、その行動から相手のためになる結果が出てくること（順番をゆずられて助かる・計算が合って安心する）であると考える。二番目には、相手からのお礼はこの場合には目的とされていない。このことは表6－1にある行動を見ただけでは分かりにくいが、相手からのお礼（「ありがとう」ということばからお礼の品や表彰状までいろいろな場合がある）が当初から目的とされているとすれば、それは思いやり行動とはしないというわけである。（このタイプの行動では、結果的に何らかのお礼がされることが多いが、それを受け取ってはならないというのではない。問題はそのことが当初から目的にされているかどうかである。）

三つ目には思いやりのある行動では、それをする当人は損をすることになる。列の順番をゆずればその分だけ自分が目的のものを手に入れるのに遅れるし、「おつり多いよ」といえば、そう言わなかったときに手にできたお金を失うことになる（これを損といえるかどうかには、もちろん問題がある）。

要するにこうした行動では、何らかのコスト（損失）がそれをする者の側にかかるといえる。ただその際に、「損したなあ」といったコスト意識がどれくらい持たれるかという点では、そうした意識が少ないのがこの種の行動の特徴でもある。四番目として、この表6－1にあるような行動ではそれが自発的にされることが重要である。「おまえどうせ暇なんだから、順番ゆずったら」と言われて、いやいやながら「ま、そうするか」という場合には、思いやり行動とは呼ばない。「おまえずるいぞ。おつり多いんじゃないか」「おや、ばれたか」というときには、これが思いやりとは考えにくい。

こうしてここでの思いやり行動とは、「相手のためになる援助行動で、相手からのお礼を目的とせず、この行動をとる者に何らかのコスト（損失）がかかるが、そのことをあまり意識せず、こちらから自発的にされる」行動のことである。こう定義してしまうと、表6－1にある行動の全部がこの四つの条件を満たしているのかどうか、疑わしいところもある。順番をゆずれば相手からお金がもらえると考える人はいないだろう（人気あるバンドのコンサートなどでの順番取りではそうしたことも起きる）が、「どうもすみませんね」「ありがとう」くらいは言ってもらいたい。このことが目的で順番をゆずるわけではないにしても、何のご挨拶もなければ少しはむっとするのである。また自発的にこちらから行動するといっても、そうした場合だけではない。友人に言われて順番をゆずったとしても、それが相手のためになることは確かだし、自分でも「きょうはいいことしたなあ」ということだろう。こう見てくると、この四つの条件をあまりきつく守ると、思いやり行動はごく限られた狭い範囲のも

表6-1　向社会的行動尺度（大学生版）の項目（菊池　1998）

1）列に並んでいて，急ぐ人のために順番をゆずる。
2）お店で，渡されたおつりが多かったとき，注意してあげる。
3）ころんだ子どもを起こしてやる。
4）あまり親しくない友人にもノートを貸す。
5）気持ちのわるくなった友人を，保健室などにつれていく。
6）友人のレポート作成や宿題を手伝う。
7）列車などで相席になったお年寄りの話し相手になる。
8）気持ちの落ち込んだ友人にデンワしたり，手紙を出したりする。
9）何か探している人には，こちらから声をかける。
10）バスや列車で，立っている人に席をゆずる。
11）酒に酔った友人などの世話をする。
12）雨降りのとき，あまり親しくない友人でもカサに入れてやる。
13）授業を休んだ友人のために，プリントなどをもらう。
14）家族の誕生日や母の日などに，家にデンワしたりプレゼントしたりする。
15）見知らぬ人がハンカチなどを落としたとき，教えてあげる。
16）知らない人に頼まれて，カメラのシャッター押しをしてやる。
17）バスや列車で，荷物を網棚にのせてあげる。
18）知らない人が落して散らばった荷物を，いっしょに集めてあげる。
19）ケガ人や急病人が出たとき，介抱したり救急車を呼んだりする。
20）自動販売機や切符売機などの使い方を教えてあげる。

注）回答は「したことがない」「一回やった」「数回やった」「しばしばやった」「もっとやった」の５段階で求める。採点は「したことがない」の１点から「もっとやった」の５点まで。

のになってしまう。もちろんこの四つの条件を全部満たす行動はあるわけで、それは愛他行動altruistic behaviorと呼ばれたりする。しかしぼくらが日常生活でやっている思いやり行動は、「相手のためになる援助行動で、こちらに何らかのコストがかかるもの」であることが多い。表6－1にある行動の大半はそうした行動であるといえる。

思いやり行動尺度と性格要因

表6－1に示した二〇項目は、大学生たちが毎日の生活でどのくらい思いやりある行動をしているかを調査するために開発された尺度の項目で、この尺度は向社会的行動尺度（大学生版）と名づけられている（この尺度には中・高生版と小学生版も作成されている）。表6－2には、この尺度とほかの性格要因を問題にした尺度とを同じ対象（大学生）に実施して、その関係をみたデータが示されている（菊池　一九九八）。

対人的価値尺度（ゴードン・菊池　一九七五）は、ぼくらが対人関係で重視したいと思っている六つの価値を測定する尺度である。そのなかで向社会的行動と関連が深いのは、博愛的価値（B）と独立的価値（I）である。博愛的価値とは「多くの人びとのためになることをする」「困っている人を助ける」といった行動を大切にしたい気持ちを問題にしている。表6－2の全体の欄で見ると、この

表6-2　思いやり行動と性格要因（r）（菊池　1998）

尺　度		男子	女子	全体
対人的価値尺度		（N = 117）	（N = 54）	（N = 161）
（ゴードン・菊池　1963）	支持的（S）	−.139	.005	−.066
	同調的（C）	−.026	−.084	.019
	承認的（R）	−.064	−.131	−.038
	独立的（I）	−.256**	−.285**	−.258**
	博愛的（B）	.278**	−.011	.215*
	指導的（L）	.137	.327**	.083
情動的共感性尺度		（N = 46）	（N = 67）	（N = 113）
（加藤・高木　1980）	感情的温かさ	.391**	.212*	.341**
	感情的冷淡さ	−.371**	−.184	−.279**
	感情的被影響性	.005	−.007	.029
自意識尺度		（N = 60）	（N = 73）	（N = 133）
（菅原　1984）	公的自意識	−.030	.039	.015
	私的自意識	.079	.298**	.171
セルフ・モニタリング尺度		（N = 76）	（N = 55）	（N = 131）
（岩淵・田中・中里　1982）		.344**	.357**	.397**
社会的スキル尺度		（N = 60）	（N = 42）	（N = 102）
（堀毛　1985）		.332**	.270**	.426**

注）$^{*}p < .05$　$^{**}p < .01$

価値と思いやり行動の関係はつよいとはいえないが、統計的に有意である。対人的価値尺度がとり上げているのは、現実にどうかではなく「こうしたい」という気持ち（価値）であることを考えると、このほどほどの関係は納得ができる。独立的価値尺度は「自分のことは自分でやりたい」「他人から指示されるのはいやだ」といった項目からできている。独立的価値が思いやり行動とマイナスの関係にあるのは、この価値を重視する人が思いやり行動をあまりしないことを示している。このタイプの人は、自分に口出しされるのがいやであるだけでなく、他人についてもあれこれ言うのは避けたいのだろう。

思いやり行動の動機（気持ち）としては共感がとり上げられることが多いが、その点を検討しようとしたのが情動的共感性尺度（加藤・高木　一九八〇）との関係を見ようとした資料である。この尺度は、「身よりのない老人を見ると、かわいそうになる」「子供はよく泣くが、かわいい」といった感情的暖かさ、「他人の涙を見ると、いらだってくる」「周りの人が悩んでいても、平気である」などの感情的冷淡さ、それに「他人の感情に影響されずに決断できる」といった感情的被影響性の三つを測定している。結果は表にあるように、思いやり行動をたくさんする人は感情的に暖かく、反対に感情的冷淡さは少ない。被影響性との間には関係が見られず、こうしたタイプの人は必ずしも周囲の動きに巻き込まれやすいわけではない。

自分自身の振るまいなどに注意が向くことを自意識と呼ぶが、それには公的なものと私的な場合とが区別される。「自分についてのうわさに関心がある」「人の目に映る自分の姿にこころを配る」というのが前の傾向で、「しばしば自分のこころを理解しようとする」「一歩離れたところから自分を眺めてみることがある」などの項目は、後の場合である（菅原　一九八四）。公的自意識のなかには、実際以上に自分をよく見せようとする傾向が含まれているのを考えると、この傾向が思いやり行動と関係がないのは面白いことである。大学生たちは、思いやり行動の尺度に回答する際に、自分をカッコウよく見せようとはしていないらしい。

しかし、自分の行動が他人に与える効果に関心を持つ傾向を測定するるセルフ・モニタリング（自己チェック）尺度との関係では、かなりのプラスの相関関係が得られている。この尺度は「実際以上に感動しているように振るまうことがある」「他人に、自分に好意をもたせるのが、特別上手な方ではない」「人前ではきまりが悪くて思うように自分を出せない」などの項目からできていて、他者指向性のほかに外向性と演技性とがその内容になっている（岩淵ほか　一九八二）。この尺度の他者指向性は自意識尺度での公的自意識とほぼ同じものであるから、ここでのプラスの関係は外交性と演技性のせいかもしれない。とすれば、思いやり行動を多くする人はやや気軽であったり、他人の前で自信を持って行動できる人なのであろう。

対人関係を円滑にするスキルは社会的スキルと呼ばれるが、思いやり行動はおそらくこのスキルを含むものとして考えたほうがよい。「どんな相手にも好かれるように、相手に応じて行動する」「きらいな人とつきあうときに、本心を悟られないようになにげなく振るまう」などの項目で測定されることのスキル（堀毛 一九八五）と、思いやり行動尺度の得点とは関係が深い。この種の行動を多くする人は、社会的スキルについてもすぐれているといえる。

性格と行動をつなぐもの

思いやり行動と性格的要因との間にはある程度の関係があることが分かったが、この関係が現実のものとなるためには、さらに考えに入れなくてはならないことは多い。たとえば、こうした関係がはたらきやすい場面とそうでない場面とが考えられる。子どもがおぼれているのを見れば、大半の人は何らかの行動をとろうとするだろう（このことは、全く泳げないぼくでも同じで、「たいへんだあ」とか「誰かいませんか」と大声をあげるくらいのことはするだろう）。もちろんこのことは、周りにたくさんの人がいる場合とそれに気づいているのが自分一人という場合ではちがっている。たくさんの人が周囲にいると「誰かがやるさ」というわけで、結果的に援助行動がとられにくくなることが知られている（責任分散説）。もちろんこのときにも、結局は誰かは飛び込むわけで、そこにその人の性格要因が関係してくるとはいえる。

別の例をあげると、ここで問題にした向社会的行動尺度（大学生版）の得点は、「ボランティア活動に参加したことのある」者とそうでない者との間ではその平均値に差があった。しかし「献血をしたことがある」人とそうでない人とでは、こうした差はみられない（菊池　一九九八）。このことはこうした関係が活動の種類によって別々になることを示唆しているといってよい。きちんとした意思決定をともなってされる活動（ボランティア活動）と、たまたまそうした場面に出会ったからされる行動（献血）とでは、性格要因のはたらきはちがっている。場面や活動の種類との関係で、この問題を考えなければならないことが明らかである。

さらに言えば、思いやり行動と性格要因との間には関係があるとしても、このつながりはこれとは別のいくつかの要因によって媒介されたものであるはずである。たとえば共感性の高い人が向社会的に行動しやすいとしても、共感性（性格要因）が思いやり行動のかたちをとるメカニズムがはっきりしなくては、この関係がよく分かったことにはならない。こうしたメカニズムとしては、たとえば役割取得が考えられていて（デイヴィス　一九九九）、相手の立場を考えたり気持ちを推しはかったりすること（役割取得）が思いやり行動につながっているという。そして共感性の高い人は、周囲の人びとについてこうした役割取得をしやすい傾向をもっていて、そのために思いやりある行動をとりやすいとされる。またおそらくこうしたタイプの人たちは、日頃から相手を援助するためのスキルや行動を準備していたりそれを身につけたりしている場合が多いであろうから、そのことも思いやり行動をとりやすくさせるのだろう。言い換えれば、思いやりの気持ちはあってもこうしたスキルや行動のレパートリーが用意されていない人では、その気持ちは現実の行動とはならないのである。

こう考えてくると、これまでの思いやり行動の研究で得られているデータはあるかたよりをもったことに気づかせられる。ここで紹介した資料に見られるように、思いやり行動についても性格要因についても、データの多くは質問紙形式の調査で得られている。その欠点を補うために、実験的な研究も盛んに行われてはいる。しかし実験でとり上げられているのは、その場で初めて出会った相手や架空の相手についての思いやり行動であることが多い。ぼくらが日常生活で出会う相手とそこでの思いやり行動にくらべると、こうした場合ではぼくらの性格要因のはたらきは相対的によわいといえる。観察法や日誌法などを含めた生態的なデータを収集することが必要と思われる。

（二〇〇〇）

7 思いやりに欠けるということ

先日、友人と酒を飲んでいたら、その友人が駅のホームから落ちたという話をした。幸いあまり電車のひんぱんにはこない線で、平日の午前中だったこともあって、大事には至らなかったらしいが、ホームにいた何人かの人たちが誰も助けようとはしてくれなかったという。たまたま駅員を呼びに行ってくれた人がいて、駅員さんがテキパキと救急車を呼んでくれ、血だらけの彼は病院へ運ばれた。その彼が言うには、「いざとなれば本当にバカ力が出るものだ（ホームまで一人ではい上がった）。誰も助けてくれなかったのにはビックリした。しかし自分だって、これまでならそうだっただろう」。私たちはかなり痛い目を見ないと、相手のことに気持ちが向くことはないのかもしれない。

相手の気持ちに気づかない

この話からわかることは、普通には私たちは、相手のことにあまり注意が向いていないということである。誰も相手が急にホームから落ちるとは思っていないし、知らない人であればそれは相手ですらないのである。その人が突然ホームから落ちたり、倒れこんだりしたら、私たちの多くはオタオタしてしまって、どうしたらよいのかわからないというのが実際だろう。にもかかわらず、駅員を呼びに走ってくれた人はいたわけだし、やって来た駅員さんは「大丈夫、大丈夫」という彼を押しとどめて、病院へ送り込んでくれた。駅員さんは仕事としてこうしたことをやっているのだろうし、そのための訓練を受けてもいよう。しかし、駅員を呼びに行ってくれた人はそうではない。

思いやり行動がみられるのは、こうした大変な場合だけではない。むしろ私たちが相手の思いやりの気持ちを感じるのは、毎日の生活でのちょっとしたことについてである。疲れて立っていた電車のなかで席を譲られたり、訪問先の家が見つからなくてウロウロしている折に「どこの家をお探しですか」と声をかけられたりといったことがある。席を譲ってくれた人はこちらが疲れていることに気づいたのだろうし、声をかけてくれた相手もこちらの困っていることがわかったからそうしたに違いない。このような行動は誰もがとるわけではないから、相手の気持ちやその変化に気づきやすい人と、そうでない人とがいるということになる。

そして最近では、むしろ相手のことに気持ちが向かない人や、相手から返ってくる反応にいろいろな場合があることに気づかない人が多くなっている。自動販売機のチョコレートのボタンを押せば、チョコレートが出てくるのと同じように、こちらがあることをすると相手の反応は一つであるのが当たり前と考えたり、そのほうがよいと考えたりする人が多い。いろいろな反応が返ってくることを面白いと考えるよりも、それをわずらわしいと思う人が多いようである。

自分の立場からしか考えない

自分と相手とが違う考え方や感じ方をする場合のあること、そうしたことのほうが当たり前であることがわからない人がいるらしい。もう少し考えてみると、わかろうとしなかったり、わかってしまうとこちらが困ると思ったりしている人たちかもしれない。思い込みが激しいのか、こちらの考えたとおりに相手が動いてくれないと、相手のほうがいけないと考えたり、けしからんやつだと思ったりするらしい。

もちろん私たちの多くはこうした傾向をもっているし、自分が忙しかったりイライラしたりしている場合には、相手のことを考える気持ちの余裕もない。そして私たちの毎日は、このような条件のもとで過ごされていることが多いから、相手のことをいちいち考えておれないのもやむを得ないことかもしれない。また、相手のことを考えるにはこれまでの自分の体験を手がかりにし、それを役立ててやろうとすることが多いから、なかなか相手の立場からは考えられないのもしかたのないことともいえる。

にもかかわらず、ある人は自分の立場を離れて、相手の気持ちを推し測るのが上手であったり、相手から自分のことをよくわかってくれる人だといわれたりする。こうした人はおそらく、相手がいま体験していることをこれまで体験したことがあるのかもしれない。あるいはすっかり同じ体験でなくても、似たような体験をしたことがあったり、その体験を手がかりに推測がきくようなことが、これまでなされていたのかもしれない。ホームから落ちた人を助けるには、自分もホームから落ちてみる必要はないだろう。ケガをしたときに誰かに助けてもらったことがあるとか、友人が助けられるのを見ていたとかいうことが手がかりになるはずである。

相手の行動の予想が立たない

いろいろな考え方をする人がいるということは、頭でわかっていても、それを行動に現わすことはむずかしいことである。入院した体験をもっている人は、お見舞いに来てくれる友人たちをありがたいと思いながら、ときには少しうっとうしくなったり、会いたくないと思うこともあることを知っている。お見舞いにはタイミングが大切で、いま相手がどういうことを感じているのかと予想してみることが欠かせない。どうせ義理でお見舞いに行くのだし、相手もそれをわかっていて、通りいっぺんの挨拶をするだけだというのであれば話は別であるが、多くの場合にはそうではない。だとすると、相手の気持ちを考えたりその変化に気を配ったりして、お見舞いに行くかどうかを考えなくてはならない。

このときに入院した体験が役に立つのは、自分がいまはそれとは逆の立場になっているからである。病気で入院したときに感じたことが、友人を見舞うときにどうするかに影響を与えている。入院したときにやってもらいたかったこと、やってもらって困ったことが思い出されて、それがお見舞いのしかたを決めている。もちろんこの場合、相手である入院している友人は自分とは別の病気かもしれないし、家族のあり方も自分とは違っていよう。こう考えると、以前の体験が役に立つのはお見舞いのしかたそのことについてというよりも、相手の気持ちを考えたり、それを推し測ったりすることが、前よりうまくなったということかもしれない。そうだとすると、入院したことがあるかどうかは、友人のお見舞いについてだけでなく、電車のなかで席を譲ったり、訪問先がわからなくて困っている人に声をかけたりといったことにも、影響を与えるはずである。相手から助けてもらったことの体験が、このように相手を助ける行動へとつながっていくのは自然である。

相手の願っていることがわからない

相手の立場に立って考えたり感じたりすることが、こちらがどう行動したらよいかを考えることになる。このことは、相手がこちらにどういうことをしてもらいたいと思っているのか、またどういうことをされると困ると考えているのかを予想することになる。入院している友人についていえば、とにかく顔を出して元気づけてもらいたいのか、休んでいる間の仕事や勉強のことについて助けてもらいたいことがあるのか、手術のときに立ち会ったりお金の工面をしたりしてもらいたいのかなどがわからなくては、こちらとしては適切な援助ができない。また、このことに失敗すると、友人を助けたいというこちらの気持ちもうまく伝わらないことになる。

思いやりの気持ちを相手にもつだけでなく、その気持ちを行動で示そうとすると、相手が何を願っているかをうまく予想できないといけない。そのときに大切なことは、自分がこれまでに同じような体験をしたことがあるかどうかである。そのことに加えて、相手を助けるのに必要な能力を自分がもっていないと困る。入院中の友人を慰めようとしても、それをうまくことばで表現できなくてはしかたがない。もちろん口下手な人は慰めのことばよりも入院の手伝いをしたり、必要な品物を揃えてやったりということで、自分の気持ちを現わすことはできる。この場合にも、手伝ったり、買い物をしたりすることができなくてはならない。しかもこのことが、相手の願っていることと合わなくてはだめである。こちらの都合で、一方的に親切と勝手に思い込んでいることをしても、それは思いやりあることとはいえない。現金を贈ったり、高額な品物を贈りつけたりすることよりも、電話をかけたり、近くへ行った折にちょっと立ち寄ったりするほうが、相手にとってはありがたいことかもしれないのである。

気持ちが別のものである

どうしたら思いやりのある行動ができるのか、そうした行動がなかなかとれないのはなぜかを考えてきたが、もうひとつ大切なことがある。これまで考えたことは、相手の気持ちに注意を向けたり、相手の立場に立って考えたりといったことであったが、それだけでは私たちはすぐには思いやりのある行動に出ようとはしない。どうしても相手を助けようと感じるのは、相手が困っていることを知ったり、自分も同じような体験をこれまでしたことがあったりということだけでなく、いま相手が感じている気持ちを自分もともに感じているという場合である。入院している友人の苦しさやさびしさが自分にも同じように感じられたときに、私たちは友人を見舞ったり、その友人に何かしようという気持ちになる。

相手と同じ気持ちにならなくとも、相手を助けようとすることはある。たとえば相手の苦しんでいるのを見ておれないという気持ちになったばあいとか、ここで助けなくては後で悪いことをしたと思うのではないかと考えるばあいにも、相手を助けようという行動をとる。このときには、相手のことを本当に考えて相手のために何かしようというよりも、自分の気持ち（見てはおれない、相手に悪いなど）をどうにかしようということから、思いやりのある行動がとられることになる。表面的に見ると、このような気持ちからされた行動と相手と同じ気持ちをもったことからされた行動とは、同じように思いやりのある行動であるといえる。しかし、前の場合の行動は、実は自分の気持ちを処理することを目的にされる行動であって、このことが片づいてしまうと終わりになることが多い。

人びととのかかわりのなかで

相手と同じ気持ちになるといったのは共感のことであるし、相手の行動や願いを予想するといったのは役割取得能力のことである。思いやりに欠けているのは、この二つのことで欠けるところがあるからだろう。さらにいえば、このことの底には相手の気持ちに注意が向くということが少なくなっていて、対人関係をわずらわしいものと感じる人たちが多くなってきていると考えてみた。人と人との関係を人と機械との関係で考えたり、機械と機械との関係になぞらえたりする気持ちが、多くの人たちによってもたれているといえる。

また、相手の気持ちに注意を向けたり、相手の立場に立って考えたりしようとしても、私たちの毎日はあまりに忙しく、その余裕に欠けているということもある。相手のことを考えるよりも自分のことを先にしたり、そのためには専門家がいるのだからとそちらに任せてしまったりする。花束を買ってきて届けるひまのない私たちは、花屋さんに電話して友人の病室にそれを届けてもらう。こちらの名前やお見舞いのことばはカードに記されているものの、何となくしっくりしない。そう誰もが感じながら、忙しさにまぎれてそれもすぐに忘れてしまう。ある場合には、花束は花屋から届けるのが当然と考えたり、そうすることが相手への思いやりを示す望ましい方法だと考えたりするようにすらなっていく。

こうしたなかで考えることは、やはり人と人とのつながりを増すということである。思いやりはたしかに花束やカードを仲立ちにして、いわばモノを媒介にして表現されるものではある。しかしその底には人と人とのつながり、気持ちのかかわりがあって、それが基本となっているはずのものである。花束やカードがあることによって思いやりがあるのではなく、思いやりの気持ちがあることによって、その気持ちが花束やカードに表現される。多くの場合、花束やカードがなくともこの気持ちは表現できるものである。私たちの気持ちはともすると花束やカードに向けられていて、その底にある人と人とのつながりや、そこでの気持ちを忘れがちになる。

人と人とのかかわりは誰にとってもやっかいなものであり、面倒なことは避けたいと誰もが思っている。しかしそうしたわずらわしさを含めて、思いやりのことを考えたい。相手の気持ちに目を向けることは、そんなに楽しいことばかりではない。自分の立場からしか考えられないのは、私たち誰もがもっている傾向である。相手の行動についての予想はしばしば外れるし、思ってもない反応を相手が示すことも多い。相手の望んでいることは、こちらの考えていることとしょっちゅう食いちがう。相手と同じ気持ちをもとうとしても、なかなかそうはいかない。にもかかわらず、このやっかいな対人関係のなかでしか思いやりの気持ちは育たないし、この気持ちが育たなくては対人関係は保てない。人と人との関係、この関係を仲立ちするモノとの関係について、私たちはむずかしい時代に生きているといえる。

（二〇〇二）

8 思いやりを育てる

子どもの思いやり行動

もう二十年も前になるだろうか、その年の秋もたけなわの頃のことである。ぼくのところで卒業論文を書こうとしていたSさんは、近くの小学校に出かけていって、そこの六年生の子どもたちに「この頃やった思いやりのある行動」を書いてもらってきた。この項目をもとにして、子ども向けの思いやり行動尺度を作るのがSさんの目的である。ぼくとSさんとは、集めた項目のリストから、思いやり行動としてふさわしいのはどれなのかを考えることになった。

表8－1にあるのは、最終的にこの尺度のために残った二〇項目だが、そこには次のような傾向があると思われる。

子どもたちの思いやりある行動には、「図工や体育の時間に自分より遅い友だちを手伝う」とか「仲

表8-1　向社会的行動尺度（児童版）の項目（佐藤　1985）

1）図工や体育の時間に自分より遅い友だちを手伝う。
2）忘れて帰ってしまった友だちのかわりに係や日直の仕事をする。
3）休んだ友だちのためにノートをとったり，みせてあげたりする。
4）進んで係や日直の仕事を手伝う。
5）悲しそうな友だちや困っている友だちの力になってやる。
6）友だちにたのまれて友だちのかわりに仕事をする。
7）仲間はずれにされている友だちを遊びにさそう。
8）進んで先生の仕事（プリントくばりなど）を手伝う。
9）いい物をもらったときは，友だちや兄弟にも分ける。
10）ころんだ子ども（下級生，幼児）をおこしてやる。
11）列にならんでいて，急ぐ人のために順番をゆずる。
12）悪口を言われている人や，いじめられている人をかばう。
13）ケガをしたり気分が悪くなった人を保健室につれていく。
14）気分の悪い友だちを家まで送っていく。
15）ケガをした人にハンカチを貸す。
16）バスや電車の中で，立っている人に席をゆずる。
17）おばあさんやおじいさんの荷物をもってやる。
18）道路にとび出そうとする子どもを止める。
19）病気になった家族の看病をする。
20）おじいさんやおばあさんの話し相手になる。

注）回答は「いつもやった」「ときどきやった」「一回だけやった」「やったことがない」の４件法。配点は「いつもやった」に４，「やったことがない」に１で，最大可能点は80。

間はずれにされている友だちを遊びにさそう」といったものがある。こうした項目では相手は友だちであることが多く、表に出てくる相手でいちばん多いのは友人である。その次には、たまたま困っている相手に出会った場合で、「ころんだ子どもをおこしてやる」「ケガをした人にハンカチを貸す」などがそれである。その相手が「おばあさんやおじいさんの荷物をもってあげる」のように、弱い立場の人のこともある。「列に並んでいて、急ぐ人のために順番をゆずる」や「バスや電車の中で、立っている人に席をゆずる」では、見知らぬ人が相手のこともある。これ以外の項目では、子どもたちが思いやりの相手としているのは、毎日一緒に生活している周囲の人たちになっている。遠い国で災害に出会った人々や戦争に巻き込まれている子どもたちなどは、このリストには含まれていなくて、この傾向はいまの子どもたちでも同じであると思われる。その意味では、これはぼくらの社会の子どもたちがしている「小さな親切」のリストであることになる。

この表をくわしく見ると、そこにはこれとは別の共通の特徴もあることに気づかされる。その一つは、これらの行動がいずれも相手のためになることである。「仲間はずれにされている友だち」は遊びに誘われてほっとするだろうし、「荷物をもってもらったおじいさん」はニコニコするのではないかと思う。仲間はずれの友人を遊びに誘うにはちょっとした勇気がいるかもしれないし、おばあさんの荷物を持ってあげると疲れるかもしれない。このことは、思いやりある行動をとるにはコスト（ひろい意味での損失）がかかるということである。表8－1では、多額のお金が必要だとか、こらもケガをするかもしれないといった場合は含まれていないが、もしそういうことになれば、このコストはもっと大きなものになる。

また、思いやりのある行動をこちらがとれば、それに応じて相手からお礼をされることも多いと考えられる。このお礼は、「気分の悪い友だちを家まで送った」ときにもらったお菓子であったり、「話し相手になったおばあさん」の笑顔であったりするが、そういう経験をすれば、次にはそのお礼を目的にして思いやり行動がされるかもしれない。しかしこのタイプの行動は、もっぱら自分が何をもらえるかを考えてのことなので、本当の思いやり行動とはいえない。さらには、周りのみんなに言われていやいやながら「立っている人に席をゆずる」のは、思いやりある行動とは考えにくい。自分から自発的にこうした行助がとられるときに限って、思いやり行動とするのがよいであろう。

思いやりの気持ち

相手のためになり・それをするにはコストがかかり・お礼を目的にせずに・こちらから進んでされる行動が、思いやり行動であるとした。それではこうした行動をするときに、子どもたちはどんな気持ちをもっているのだろうか。言い換えると、子どもたちはどういう気持ちからこうした行動をするのだろうか。このことは、当然のこととして、子どもの年齢によって違っているが、そこにはある変化の傾向があると考えられる。

最初に出てくるのは、思いやりの行動をするのは、「お菓子がもらえる」「おかあさんがほめてくれる」など、自分が何か得をすることが理由になる場合である。「あの子困ってる」「痛がっているんじゃない」というように、相手の状態に気持ちが向いてくるのが次の時期である。そして、それをするのが「良い子」であって、そうしなくてはいけないと考える子が多くなる時期がくる。さらには、「相手の気持ちがわかる」とか「同じ気持ちになる」からだと言うようになる時期が、その次になる。

小学生の低学年から中学生あたりに見られるのが、ここで見たような気持ちの変化であるが、このような変化は、もちろん子ども一人ひとりによって違っている。小学四年生でも「同じ気持ちになる」子どもがいる一方で、「何かもらえない」と相手に注意が向かない高校生もいるという具合である。ただ、言えることは、変化の方向と順序とがここで見たようなものになるということである。

ここでは「相手の気持ちがわかり」、それが理由になって思いやり行動がとられる仕組みを、もう少しくわしく考えてみたい。この仕組みの最初は、相手の行動や感情の変化に注意が向くことである。「あの人痛がっている」「どうしたの、顔色悪いよ」などがこの例で、どちらも相手の状態の変化に目が向けられている。このときには、「痛い」「顔色悪い」というラベル（表現）を使って相手の状態をとらえていることになるので、こうしたラベルが使えるかどうかがポイントになる。

次には相手の立場に立って、その行動や感情などを予想してみることがこの仕組みに含まれている。

そのためには、相手と自分とが同じ場面にいても、違った考え方や感じ方をすることがわからないといけない。ここらあたりの能力は、小学生の時期を通して次第に身についていくことが知られている。そのうえで、痛がっている相手はどんな気持ちなのだろうとか、次にはどういう行動をとるのだろうとか、こちらにどういうことをしてもらいたいのかなどの予想がつけられる。

この際に特に大切なのは、相手がこちらに何を期待しているのかということの予想である（なぐさめの言葉だけでよいのか、話を聞いてもらいたいのかなど）。そして終わりには、相手と同じ気持ちになることがくる。相手の変化がわかり、その立場に立っての予想ができても、それだけでは思いやりのある行動をとるまでにはならないのが普通である。そこに、同じ気持ちになるという感情的な要素が加わるときに、子どもたちは思いやりある行動をするようになると考えられている。

この気持ちを育てる

相手に注意が向く・相手の立場に立つ・相手と同じ気持ちになるというこの仕組みは、思いやりの気持ちを育て、その気持ちをもとにした行動を育てる場合にも使うことができよう。たとえば、相手の行動や感情の変化に気づかせるにはラベルを使うこと（ラベリングという）が重要であるから、そのことを毎日の生活の中に含めてはどうかということになる。子どもたちにテレビを見せたり絵本の読み聞かせをしたりするときには、途中で「このおじさん、どうして泣いてるのかな」「みんな笑ってるね。なぜだろう」といった質問をしてみる。この質問では正しい答えをさせることよりも、子どもによって違った答え方があることを知ってびっくりしたり、自分だったらどうだろうと考えたりといった経験をすることを大切にしたい。「自分だったらどうだろう」ということでは、これは相手の立場に立って考えたり感じたりすることそのものである。「ここへ出てきて、このおじさんになったつもりでね、やってみて」となれば、これは相手の立場に立っての演技を求めているわけである。こうした演技（ロールプレイ）を発展させると演劇になるし、この種の活動が相手と同じ気持ちになることにつながっているのはよく知られたことである。

これと同じことが毎日の生活のなかでよくやられていることは、あまり意識されていない。たとえば、家でお手伝いをどのくらいしているかや、どのくらい早い時期からそれをしているかによって、他人に思いやりある行動をとる程度が違っている。家でたくさんお手伝いをしている子どもほど、またお手伝いを早い時期からしている子どもほど、他人についての思いやり行動が多くなる。お手伝いは、日頃は自分のやらないことを、お母さんやお父さんの代わりになって、そしてお母さんたちのやっていたのと同じようにやるわけなので、違った立場を知るのに役立つ経験がそこには含まれている。同じような経験は家庭だけでなく、クラブ活動や奉仕活動などの学校や地域での活動でもみられることである。

相手と同じ気持ちになるこの仕組みは、親たちがおこなっているしつけのなかでも使われている。この種のしつけのタイプには三つがあるとされているが、そのなかで思いやりある行動を育てるようにはたらくのは、一つのタイプだけである。

「ゴッン・パチン」型と呼ばれるしつけでは、親たちが自分のもっている力を使うところにその特徴がある。ここでいう親の力は、ゴッン・パチンそのものである場合よりも、親が子どもの行動を左右できる程度全般をいうことが多い。こう考えると、「今学期成績がよかったら、ディズニーランドにつれてってあげるよ」「なんだ壊しちゃって。これ高いんだよ」などはこの力の発揮であることがわかる。こうしたしつけを受けることの多い子どもたちは、クラスの仲間から思いやりある行動をする子（忘れ物をするとすぐ貸してくれる・ケンカが始まるとやめろというなど）としては名前が挙がってきてはいない。

「知ラナイヨ」型のしつけは、親が子どもへの愛情の表現をやめることでのしつけである。「そんなことする子はウチの子じゃないね」「勝手にやってなさい」などの言い方がそれにあたるが、このしつけのタイプと子どもの思いやり行動との関係ははっきりしていない。

これにくらべて「考エテゴラン」型では、相手の気持ちに注意を向けさせることが中心になっている。「あの子、オモチャ大切にしてたんだよね」「これ、お父さんにもらった大切なものなのね」では、壊した物そのものよりも、そのことによって相手がどんな気持ちになっているかを考えさせようとしている。このタイプのしつけを多く受けた子は、クラスの友達から思いやりのある行動を多くする子として名前が挙げられることが多い。「ゴツン・パチン」型では子どもは自分の受ける賞や罰にだけ注意を向けているが、「考エテゴラン」型では相手の気持ちに注意が向けられ、そこでは前にみた思いやりの気持ちの仕組みが使われていることが、こうした違いを生んでいると考えることができよう。

思いやりの社会

世界を見渡すと、思いやりある行動がごく当たり前にやられている社会と、そうはなっていない社会とがあることに気づく。思いやりある社会ではおそらく「考エテゴラン」型のしつけがよく用いられていて、そうでない社会では「ゴツン・パチン」型のしつけが多用されているのであろう。子どもの頃から家でお手伝いなどの分担する仕事が与えられている社会と、子どもは将来のためにもっぱら勉強していればよいという社会とがある。「ほかの人のために何ができるんだろう」と考えるのをしつけの基本にしている社会と、そういうことの少ない社会とがある。面白いことに（そして困ったことには）、ここでみたような特徴をもつ思いやりある社会は、複雑な社会であるよりも単純な社会であることが多く、都市よりも農村でこうした特徴がみられるし、核家族よりも拡大家族が多い社会であるとされている。思いやり行動を育てるという点で、その社会がどういう方向を目指すかが、かかわりをもっていることになる。

この問題との関連でいえば、それぞれの社会がどのような約束（規範）で成り立っているかが重要である。思いやり行動とのかかわりでは、この種の約束として三つがあるとされている。

その一つは、ぼくたちは相手に対して自分のとった行動がいつかは自分に戻ってくることを予想して行動していることである。ぼくらが他人を助けるのは、以前にその相手から助けてもらったことがある場合やいつかは助けてもらえると考える場合である。この約束（互恵性の規範）はぼくらの社会では基本的なものになっていて、このために知り合いのおばあさんがバスに乗ってくれば「どうぞどうぞ」となるが、未知のおばあさんではなかなかそうはならない。世間とはおそらくは、この約束が通用する範囲をいうのであろう。

二つ目は、ぼくたちそれぞれが自分の置かれた立場で責任を果たすべきだという約束（社会的責任の規範）である。この考え方では、ぼくらは自分を頼りにしたり・援助を求めたりする人たちがいれば、それに応じなくてはならない。ぼくらが社会の中でもっている立場には、それぞれこの意味での責任が伴っている。

三番目としては、持てる者とそうでない者との間に大きな差があるのは好ましくないという考え（公平さの規範）がある。特定の人々が公正でないやり方で利権を手に入れたり、有利な立場についたりすることは許されてはならない。恵まれた立場にある人々は、そうでない人々を援助したり支援したりする義務があると考えるべきだ。ぼくらの社会は、この二つ目（社会的責任）と三つ目（公平さ）の約束の点で欠けるところがあるかに見える。そして、こうした約束を次世代に伝えていく点でも、ぼくらの社会は十分ではない。格差社会といわれるこの社会の変化の中では、そのことを考え直すことがことさら大切であると指摘できる。

（二〇〇六）

9 共感：自己意識的感情として

相手をイメージ／自分をイメージ

相手に共感してもらう手法として役割取得をさせることが多いが、このための教示に二つのタイプがあることが指摘されている（Stotland, 1969）。その一つは、

《(他人が）どう感じるかを想像して……相手がどう感じているかを自分で心に描いて……その経験をしている相手に集中して……自分の心の眼で、それが相手にどう感じられるかを思い浮かべて……》

といったもので、ここでは相手の立場に立って考えたり感じたりすることが求められている。ひとくちにいってこれは、「相手をイメージさせる」手法である。これとは別の、

《自分自身がどう感じるかを想像して……自分がどう感じるかを心に描いて……その経験をしてい

る自分に集中して……自分の心の眼で、それがどう感じられるかを思い浮かべて……》という教示では、自分が相手と同じ体験をしたらと考えることが求められている。この場合には「自分をイメージすること」が要求されているのである。

前の手法では相手の立場に注意を集中することが問題とされ、後の場合には自分に注意を集中することが必要とされている。この意味では、相手をイメージする／自分をイメージするという言い方（Davis, 1994）よりも、他者注視的／自己注視的といった表現（Hoffman, 2000）のほうが適切なのかもしれない。そして共感（empathy）とのかかわりでいうと、相手をイメージする他者注視的な教示よりも、自分をイメージする自己注視的な教示のほうが、強く共感が喚起されるとする報告が多い。自己とのかかわりで問題とするときのほうが、他者とのかかわりでそうする場合よりも、共感が喚起されやすいのである。

しかしこの傾向には限界があって、「自分をイメージする」ことで自分の過去の痛切な体験（失敗や喪失の体験など）が回想されると、相手に対する共感は急激に低下し、ある場合にはそれがまったく消えてしまいさえする。この場合に重要なのは、この体験が過去にした自分の体験であることであって、そこに自己がかかわりをもっていることは確かである。この際に自己は、過去の自分の行動についてどう認知し・どう内省し・どう評価するかを左右する作用をしている。もっと一般的にいえば、自分の体験を認知したり・内省したり・評価したりする際の準拠枠となるのが自己であると考えることができ、言い換えると、自己によって認知・内省・評価された感情として自己意識的感情があるといえる。

こう考えてみると、共感は明らかに自己意識的感情であることになる。自己意識的ということの中心には自己のもつ認知・内省・評価の作用があって、それが自己意識的ということの意味である。この意味での自己意識的感情としては、恥や罪悪感、個人的苦痛などの消極的感情が取り上げられることが多く、共感のような積極的感情はあまり問題とされていない。そのこともあって、共感を自己意識的感情として位置づけることも少なかったが、ここではこの方向で考えをすすめてみたい。

共感概念をめぐって

感情のマッチング

共感を文字どおりにとれば、それは相手と「同じ感情を共有すること」であるが、これまでの研究史をみると、ことはそれほど簡単ではない。感情の共有は言い換えると、自他の間での感情のマッチングのことであるが、確かに多くの共感状況ではこのことが認められる。しかし、いじめに悲しんだり悩んだりしているいじめられっ子に接した場合には、こちらはその子と同じ感情を体験するとともに、そのようを状況を作り出した第三者（いじめっ子）に対して怒りを感じることにもなる。これは

「共感的怒り」のことであるが、この場合にはいじめられっ子が本当は抱くはずの怒りの感情がいじめられっ子によってはもたれずに、その状況に出会ったこちらによって感じられることになる。この状況ではいじめられっ子の感じている悲しみなどが共有されていると同時に、その子が本来感じるはずの怒りも感じられている。共感をこうした場合にまで広げて考えるとすると、それを「自分の置かれた状況よりも相手の置かれた状況にふさわしい感情」(Hoffman, 2000)と定義することが必要になってくる。

認知的／感情的側面

これとは別の論点としては、共感には認知的な側面と感情的なそれとがあることが繰り返し論じられてきている。ここでいう認知的な側面は役割取得とか視点取得とか呼ばれてきたものだが、これを感情的側面への(認知から感情へと移っていく)条件と考えるか、それなりの独立した重要な側面と考えるかについても、議論は分かれている。感情的側面は共感的配慮とか共感的苦痛として問題にされてきたものだが、このことの重要さについても議論がある。ある議論では、感情的側面こそが共感の中心であって、認知的側面はそれほどの重要さをもたないとされる。

現在では認知的、感情的双方の側面を取り上げる必要のあることでは意見がおおむね一致はしているものの、そのどちらにウエイトを置くかは研究者によって別々である。このことは共感の尺度を構成する際にも問題となっていて、役割取得だけで共感尺度を構成する試みがある一方で、共感的配慮や同情を項目とする尺度があるといった具合である。もちろんこの二つを含めて（さらには個人的苦痛や想像性などの周辺的な部分をも加えて）多次元的に尺度構成がされている場合もある。

平行的／応答的反応

相手の情動的反応についてのこちら側の反応には、その場ですぐに（ほぼ自動的に）生じる反応と、やや時間がたってから、言い換えると何らかの処理（その多くは言語的処理）が加えられてから生じる反応とがある。平行的反応と応答的反応とがそれである。前者の例としては運動的マネがあるし、後者の例は役割取得があげられる。話し合っている一方が足を組むと他の一方もすぐに同じ行動をとるのは、ほとんど意識されていない運動的マネであって、この行動はほぼ自動的にとられている。これに対して役割取得では、相手の感情や思考についての予測がされるから、その相手についてどのような情報がもたれているかによってこのメカニズムがうまく働いたり・働かなかったりということが起きる。役割取得のある部分では相手は必ずしも目の前にはいない場合があるが、こうした場合にはいっそう情報や言語的処理の役割が大きくなる。いずれにしても、共感にはこのような二つのタイプを区別できるが、そのどちらもが共感であることにはまちがいはない。

結果と過程

このことと関連して、共感は長いこと感情的な結果として考えられてきたが、それでは十分でないことがわかる。現在では心理学での多くの概念が過程中心的な視点から見直されてきているが、共感についても同じことが必要である。たとえばデイヴィス（Davis, 1994/1999, 訳書 p.256）の組織的モデルはこのことを検討しようとしたもので、そこでは共感に関係するほとんど全部の要因が取り上げられている（図９－１を参照）。これまでは、このモデルの左端（先行条件）と右端（対人的結果）をやや性急に結びつけようとする試み（あるタイプのしつけが援助行動を生むなど）が多かったといえる。この点についてこのモデルでは、この二つを結びつける媒介的要因として「過程」と「個人内的結果」とを考え、より細かに共感の生起のプロセスを追おうとしている。

ここで「過程」として取り上げられているのは、共感を成立させている多様なスタイル（新生児の泣きから役割取得まで）であり、「個人内的結果」では感情的結果と非感情的結果とが問題とされている（洋しくは、Davis, 1994 を参照）。さらにこのモデルは、ここで取り上げた要因の効果が時系列に従って作用するだけでなく、後になってから時系列を遡って効果を生む（図の右から左への白線の部分）ことをも示している。

こう考えてくると、共感はより多元的な概念としたほうが適切だということになる。その際の定義は、「相手の経験していることについての見る側の反応と関連した一連の構成概念」（Davis, 1994）で

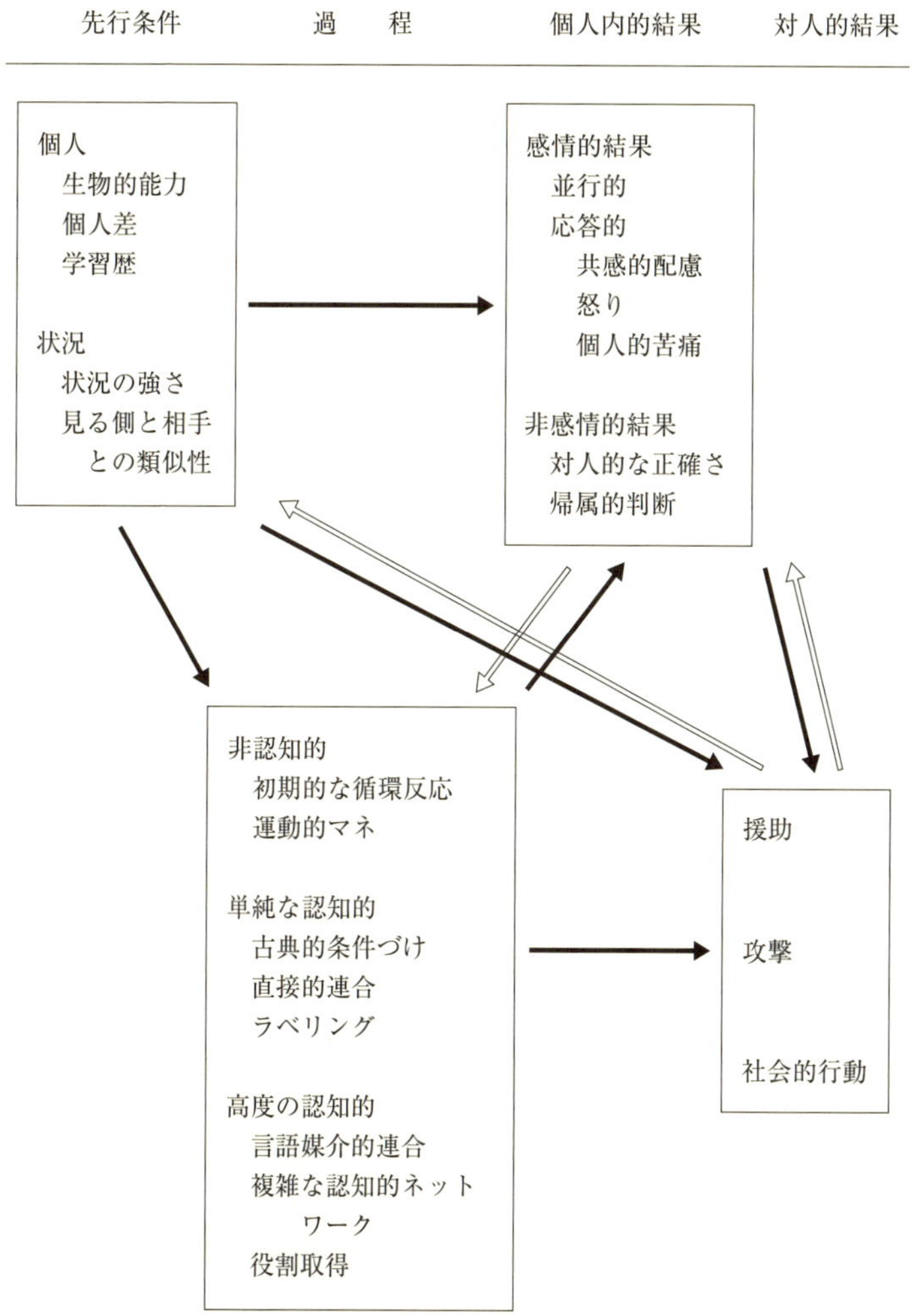

図9-1　改訂された組織的モデル（Davis　1994／菊池訳　1999）

あるとされる。ここでいう「一連の構成概念」とは、直接に共感にかかわる要因（共感的配慮・共感的苦痛・視点取得）だけでなく、それを取り巻く個人的苦痛や共感疲労、共感の過剰喚起などがそこに含まれている。この種の一連の構成概念は「共感関連感情群」とでも呼ぶべきものであって、次にはこれらの構成概念間の関係を検討することになる。

共感の機能と逆機能

向社会的行動の動機

共感が取り上げられたのは、まずは向社会的行動の動機としてであった。表9－1に示したのは、この点についての資料（菊池　二〇〇八）である。ここで使われているIRI（対人的反応性指標：Davis, 1983）は、共感を多次元的に測定しようとする尺度として広く知られていて、四つの下位尺度（想像性・共感的配慮・視点取得・個人的苦痛）から構成された、二八項目の尺度である。大学生一二三名について向社会的行動尺度・大学生版（菊池　一九八八）との相関を求めた結果では、共感的配慮（〇・三一＊＊）や視点取得（〇・三一＊＊）との間でプラスの相関が得られている。「列に並んでいるときに譲る」「おつりが多いときに多いよと言う」などの向社会的行動をよくする大学生は、共感的配慮や視点取得の得点が高くなる。

これと同じことが、一二場面と七二項目から構成されている KA-JiKoKan（菊池・有光―自己意識的感情尺度：Kikuchi・Arimitsu-JiKoishikiteki Kanjyo Scale／菊池・有光　二〇〇六）でも得られている。この尺度は、対人的負債感・個人的苦痛・恥・罪責感・共感的配慮・役割取得の六つを測定する。大学生一八二名についてのこの尺度と向社会的行動尺度・大学生版との関係では、役割取得（〇・二七**）や共感的配慮（〇・二七**）とプラスの有意の相関関係がみられる。この場合にも、共感の感情的・認知的側面は向社会的行動と結びついている。このことは、共感疲労に関連する感情（共感疲労・共感的苦痛・個人的苦痛・共感の過剰喚起）を測定する二〇項目の尺度である Ko-MulDIA（多次元的対人感情尺度：Kon-MultiDimensional Interpersonal Affects／

表9-1　向社会的行動尺度（大学生版）との相関関係（r）

IRI（$n=123$）		KA-JiKoKan（$n=182$）	
想像性	.08	対人的負債感	.13
共感的配慮	.31**	個人的苦痛	.07
視点取得	.31**	罪責感	.22**
個人的苦痛	.00	恥	.21**
		役割取得	.27**
TOSCA-3（$n=123$）		共感的配慮	.27**
恥	−.07		
罪悪感	.30**	Ko-MulDIA（$n=75$）	
無関心	−.07	共感疲労	−.39**
責任逃れ	−.18*	共感的苦痛	.31**
		共感の過剰喚起	.23*
		個人的苦痛	.14

注）*$p<.05$　**$p<.01$

今・菊池 二〇〇六）でもみられていて、大学生七五名のデータでは、向社会的行動尺度と共感の感情的側面の一部である共感的苦痛（〇・三一**）との間にプラスの有意の関係が認められる。向社会的行動を多くする者は、相手に共感的な苦痛を抱くことが多いという結果である。

表9－1に示したデータはいずれも相関関係であって、因果関係を示したものではないから、ここから共感が向社会的行動の動機であると結論することはできない。しかし、向社会的行動がされる際には、いつもそこに共感（共感的配慮や視点取得、共感的苦痛）がともなっている可能性があることは確かである。こう考えると、共感が向社会的行動の動機となる可能性は大いにあるということになる。

個人的苦痛・恥・罪責感など

共感以外の向社会的行動の動機として、まず取り上げられたのは個人的苦痛である。この感情は、苦痛を感じている相手を見ることで生じるイライラやドキドキなどであって、共感とは違って自己中心的な感情である。そして時には、この個人的苦痛の感情を低下させるために、相手に対して向社会的行動をとることがあるとされる。この場合には、自分の感じているイライラやドキドキを低下させることが問題であって、相手の感情についての反応である共感とは違っている。また、個人的苦痛は共感と比較すると、その場の状況によって左右されやすいことが知られている。たとえば、その場から逃れることが難しい状況と逃れやすい状況とでは、個人的苦痛を動機とする向社会的行動は前の状況で出やすいことが実験的に確かめられている（Batson, 1991）。この点では、共感は相対的に安定した感情であって、状況によって左右されることが少ない。表9－1に示したデータで、個人的苦痛と向社会的行動との相関関係がいずれも有意でないのは、ここで用いた尺度がこうした状況による違いを考慮に入れていないためと考えられる。

さらに表9－1にみるように、恥や罪責感なども向社会的行動の動機として取り上げられている（Tangney & Dearing, 2001：菊池 二〇〇八）。この二つの感情は、いずれも自己についての否定的感情であるが、恥が自己の全体についての否定（○○をやった自分が悪い）であるのに対して、罪責感では自分のやった行為が否定されている（自分のやった○○が悪い）という違いがある。このことから、恥は向社会的行動とは結びつき難く、罪責感はこの種の行動の動機になる可能性がある。

TOSCA-3（Tangney & Dearing, 2001）は、恥や罪責感を測定するシナリオ形式の尺度である。表9－1のTOSCA-3（短縮版の日本語版）やKA-JiKoKanとのデータで、罪責感がプラスの有意の関係になっているのは、ここでみた恥と罪責感との違いからくることである。おそらくは罪悪（責）感は、相手に謝罪し、そのことで信頼を回復するような行為をとることで、低下させられると考えられ、この点でこの感情は向社会的行動の動機となり得るものである。恥についての結果は、この二つの尺度で違いがあるが、この二つの尺度の構成手続きに違いがあることが理由として考えられている（菊

池　二〇〇八)。

このように、向社会的行動との関係からみると、共感以外にもその周辺部に位置しているいくつかの概念を取り上げなくてはならないことがわかる。このことを、別の角度から検討してみよう。

共感疲労の問題

一般的にいって、共感は向社会的行動と結びつきが強いなどのポジティブな作用をしているが、場合によっては必ずしもそうではない働きをすることが知られている。それは共感疲労(compassion fatigue)と呼ばれる現象で、もともとは看護師たちが自分の担当している患者について抱く感情を問題にしたものである(Joinson, 1992)。看護師たちは、自分の担当する患者たちに強い共感を抱くことが多いが、この感情があまりに強くなると、その時点で急激に自分の仕事に疑いをもったり、患者と接するのがいやになったり、相手を援助する気持ちがなえてしまうことがある。現在ではこの感情の急激な変化は看護師に限らず、医師、教師、カウンセラー、警官、消防士などの対人的援助の仕事で広くみられることがわかっている。

共感疲労でいう共感はcompassion(同情・あわれみ)であって、ここで問題としてきたempathyそのものではないが、empathyの感情的側面(共感的配慮や共感的苦痛)として考えることができる。共感の感情的側面は積極的な作用をもつだけでなく、場合によっては消極的な作用(逆機能)をももっているといえる。そしてここから抜け出るためには、自分の行動が相手に対して一定の効果があることがわかったり、自分以外の他のメンバーも同じような感情体験をしていることを知ったりすることが役に立つといわれている（Hoffman, 2000）。

表9－1のKo-MulDIAのデータに戻ってみると、向社会的行動は共感の感情的側面である共感的苦痛とプラスの相関関係（〇・三一**）にあるだけでなく、共感疲労とはマイナスの相関関係（マイナス〇・三九**）にある。共感的苦痛の高さと共感疲労の低さとが、向社会的行動を生み出す可能性があることになる。共感疲労が、担当する患者に対して看護師が抱く否定的な感情から問題にされたことを考えると、この結果はうなずけるものである。そして、共感的苦痛を中心とした共感がどのような仕組みで共感疲労に移行していくのかは、別に考えなくてはならないテーマである。

マキアヴェリ的知能

これと同じように共感が否定的作用をもつことは、共感の認知的側面についても指摘できる。共感のこの側面は役割取得とか視点取得とか呼ばれているが、それは相手の行動や感情について相手の立場に立っての予測ができることをいっている。相手に共感するためにはこの種の予測が必要であることは言うまでもないが、この予測がどう用いられるかはこれとは別の問題である。多くの研究では、この予測が向社会的な行動とつながっていることを示しているが、場合によってはこの予測が非行や犯罪（振り込め詐欺はこの例）などの反社会的な行動につながることは考えておく必要のあることである。言い換えると、役割取得そのものは向社会的でも反社会的でもないニュートラルな性質のものである。

この役割取得にある意味を与えるのは、共感的配慮や共感的苦痛などの感情的側面であって、こうした感情面での働きがあることによって、役割取得は向社会的な行動の形をとることになる。これとは逆に、共感的配慮などの感情が弱く、詐術や攻撃などの反社会的な動機とそれが結びついたときには、役割取得は反社会的な性格を帯びることになる。マキアヴェリ的知能（Machiavellian intelligence）と呼ばれているのが役割取得のこの側面で、自分の欲望を達するために相手を操作する傾向が問題になっている。

この場合には、共感の感情的側面（共感的配慮や共感的苦痛）がその認知的側面（役割取得や視点取得）の意味に影響を与えるという関係になっているが、これとは反対の関係もあるのだろうか。相手についての役割取得がうまくなされて、相手についての理解が高まれば、その相手について向社会的行動がとられやすくなるのだろうか。この点についてはまだよくわかっていないというのが正直なところだが、相手との接触が多くなればその相手に好意をもちやすくなるという現象（単純接触効果）は認められている（宮本・太田　二〇〇八）。おそらくは、相手との接触の機会が増せば役割取得が高まり、このことが相手に対しての好意度を増すという関係にあるのであろう。もちろんこの場合にも、好意度が先に高まり、それにともなって役割取得が効果的になされるという流れも考えることができるから、単純接触効果はこの二方向で生じるのかもしれない。

共感関連感情間の移行

感情間の移行関係

ある瞬間に感じられている感情が次の瞬間には別のものになってしまい、さらにはこれとは違った感情へと移っていくことは、毎日の生活でまま体験することである。この種の移行（shift あるいは drift）は感情全般についてみられることといえるが、とくに自己意識的感情はこの特徴を強くもっている。このために、たとえば前にみた TOSCA-3（Tangney & Dearing, 2001）では、《同じ出来事について、同時にいくつかの感じをもったり、いくつかの行動をしたりしますし、場合によっては同じ出来事にも別々の反応をします。》といった教示が用いられている。そして具体的なシナリオ（友人とした約束をすっぽかす・投げたボールが友人の顔にあたるなど）を示して、その場面で生じる可能性のある複数の感情について、その可能性を五件法で回答するように求めている。

ここで問題にされている「同時にいくつかの感じをもったり、いくつかの行動をしたり」ということは、多くの場合には必ずしも同時に感じられるのではなく、ごく短時間の間にこの種の感情が急激に移行することを含んでいると考えられる。このことは、ある大学院生が出会った交通事故についての内省報告に示されている。この大学院生は、スポーツ・カーで事故を起こした若者が救急車で運ばれるのを見たときの感情を次のように述べている。

ぼくが最初に思ったのは、お金持ちのうぬぼれ屋のガキが、酔っぱらったかクスリをやったかして運転していたのだろうということでしたから、彼には何の感情ももちませんでした。／でも、こう考えるのはフェアじゃないと思いました。おそらく彼は急用のために急いでいたのでしょう。たとえば、誰かを病院に連れていくとか。となると、ぼくはこの人に注意が向き始めました。／しかし、とぼくは考えたんです、言い訳は許されない。たとえ急用だとしても、彼はもっと注意すべきでした。そう考えるとぼくの彼への気持ちは弱くなりました。／でも、彼が死に向かっているのかと思うと、再び彼のことで本当に心が痛みました。

（Hoffman, 2000/2001, 訳書 p.121　／は引用者）

この一分間ほどの内省の間に、少なくも四つの感情の移行が報告されているが、それは重傷を負って病院に運ばれた若者の行動についての原因帰属の変化に応じてのものである。「お金持ちのうぬぼれ屋のガキが」から「おそらく彼は急用のために急いでいた」への変化は、一転して「言い訳は許されない。たとえ急用だとしても」へと変わり、さらには「彼が死に向かっているのかと思うと」へと変わっていく。この変化のなかには、ホフマン（二〇〇〇）が利己的移行（egoistic drift）と呼んだ共感的苦痛（「急用で急いでいた」）から個人的苦痛（「たとえ急用だとしても」）への変化も含まれている。

さらに興味があるのは、この大学院生がその後の質問に答えて、いちばん最初に体験したのが「強い痛みの感情」であって、それにつづいて軽蔑的な帰属（「お金持ちのうぬぼれ屋のガキが……」）が出てきたと述べていることである。そうだとすると、先に生じたのはショックの体験で、その次に軽蔑的な帰属が生じていることになる。認知（原因帰属）と感情（軽蔑的な感情）とのどちらが先に生じるかは感情心理学での基本的な問題であるが、ここではこの点に深入りはしない。ここで指摘したいのは、自己意識的感情ではとくに、この種の感情の移行が生じやすいということである。「同時にいくつかの感情が感じられる」ことの実態は、この移行が急激に生じていることと考えられる。

Ko-MulDIA のデータから

こうした感情の移行関係を検討するには、Ko-MulDIA のデータが役に立つ（菊池・今　二〇〇九）。図9－2のAに示したのは、大学生一二三名に Ko-MulDIA（多次元的対人感情尺度）を実施した結果について、四つの下位尺度（共感疲労・個人的苦痛・共感の過剰喚起・共感的苦痛）間の相関関係（r）である。この場合には、個人的苦痛と共感の過剰喚起との間の有意のプラスの相関（〇・六一**）や共感疲労と共感的苦痛との間のマイナスの関係（マイナス〇・五四**）が特徴である。このほか、共感的苦痛と個人的苦痛（〇・二九**）や共感的苦痛と共感の過剰喚起（〇・二四**）でも有意の関係がみられるが、共感疲労と個人的苦痛（〇・一七*）や共感疲労と共感の過剰喚起（〇・一八*）との間では、その相関関係は低いといえる。

このデータは相関関係のデータであって因果関係を示したものではないから、直接に感情間の移行関係を論じることはできないが、有意に高い相関関係からは移行の可能性が高いと予想することはできよう。個人的苦痛と感情の過剰喚起との間のプラスの関係は、この二つの感情の間で移行が起きやすいことを推測させる。共感の過剰喚起は、共感的苦痛があまりにも強いためにそれが個人的苦痛に変換される場合に起きるとする指摘（Hoffman, 2000）は、この点につながることである。共感疲労と共感的苦痛との間での有意のマイナスの関係は、共感的苦痛の低さが共感疲労を生み、共感疲労の低さが共感的苦痛につながるという関係にあることを示している。おそらくは共感的苦痛がある段階で急激に低下し、そのことが共感疲労につながっていくというスクリプトが存在するのであろう。このことによって、それまでとられていた向社会的行動はなされなくなる可能性が高い。共感疲労の側からみると、この感情が急激に低下する時点で共感的苦痛が高まるというスクリプトが起動され、そ

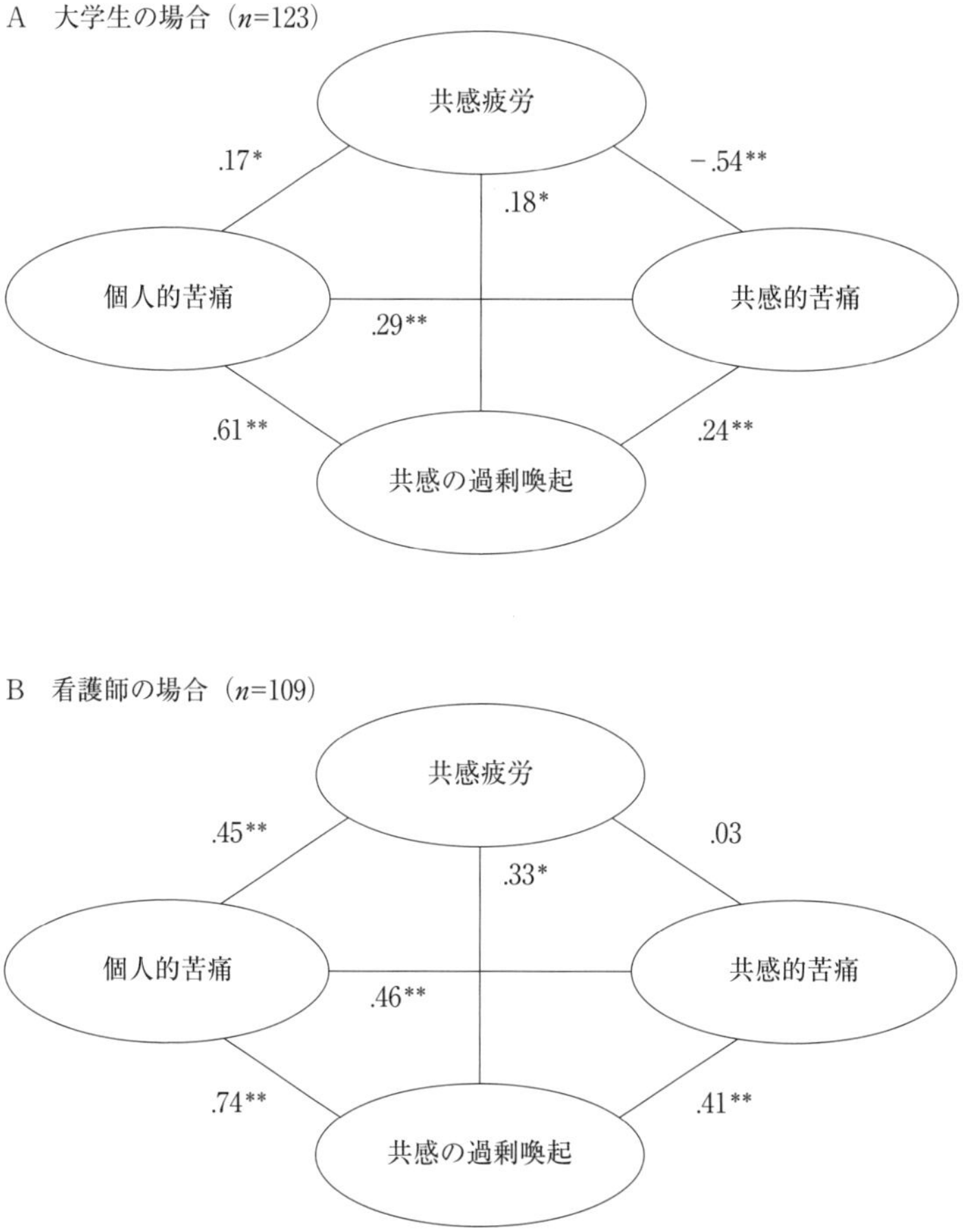

図9-2　Ko-MulDIAの下位尺度間の相関関係（*r*）

のことが向社会的行動をとる方向での変化を作り出すことになる。これに対して、共感疲労から個人的苦痛や共感の過剰喚起へのスクリプトは、それが起動される可能性は低いといえる。

図9‐2のBに示した一〇九名の看護師（年齢の平均＝三七・四歳、経験年数の平均＝一九・七年）のデータでは、この間の事情はかなり違ったものである。個人的苦痛と共感の過剰喚起との関係（〇・七四**）は大学生の場合と同じであるが、共感疲労と共感的苦痛との間の関係（〇・〇三*ns*）は大学生とは違って有意ではない。前者の関係については大学生と同様の推測（移行の可能性）をすることができるが、後者の共感疲労と共感的苦痛との間にはこうした推測はできないことになる。大学生群の場合に予想した共感疲労と共感的苦痛との間の移行関係は、看護師群では成り立たないといえる。この場合には、共感疲労から個人的苦痛へ（〇・四五**）、あるいは共感疲労から共感の過剰喚起へ（〇・三三**）のスクリプトが起動し、そこから共感的苦痛へ（〇・四六**と〇・四一**）といったスクリプトをたどることになろう。

また、大学生群の相関関係に比べて看護師群では、その相関関係が高いことが指摘できる。この二群の相関係数の絶対値は、大学生群で〇・三二、看護師群で〇・四〇になっている（共感疲労と共感的苦痛の間の関係を除くと、この値は〇・二九と〇・四七になる）。このことからいえることは、大学生群に比べて看護師群のほうが、ここで取り上げた感情間の関連が強く、感情間での移行の可能性が高いということである。看護師群は大学生群よりも感情の切り替えが早い可能性があり、言い換えると大学生群は自分の陥っている感情状態から抜け出しにくい傾向をもっている。このことがこの二群の適応とどのような関連をもっているかは推測でしかないが、ある場合にはこの切り替えのよさが適応的に働く可能性はあるといえる。

共感関連感情の移行段階

共感疲労関連の四つの感情間にこのような移行関係があるとすると、そこへどのような介入をしたらよいのかという点についても、大学生群と看護師群とでは違ったストラテジーを考える必要がある。この種の介入としては、自分の行動が相手の条件の改善に役立つことを認知することや同じような共感疲労の体験を他の仲間もしていることを知ることで共感疲労が低下すると指摘されている(Hoffman, 2000)。しかしここでの移行関係を考慮に入れると、こうした介入の時期についても問題はそれほど簡単ではないことがわかる。大学生群では、この種の介入によって共感疲労が低下し、共感的苦痛が高まる可能性がある。しかし看護師群では、このようなスクリプトは用意されていないので、どの時点でどのような介入が適切なのかには十分な検討が必要である。看護師群では、共感疲労から個人的苦痛へ、あるいは共感疲労から共感の過剰喚起へといったスクリプトを利用することを考えたほうがよいのかもしれない。いずれにしてもこの方向での検討を進めるには、今後の実証的な資料の収集が欠かせない。

これとは別の問題として、感情の移行の時間的経過のことがある。先にみた大学院生の内省報告では一分間に四つの移行が生じている。大学院生の回想はここで終わっているけれども、これで最終的な落ち着きをみせたとはとても思えない。おそらくこの大学院生は、この後も繰り返し感情の移行を体験し、それが落ち着くまでにはかなりの時間を要するものと考えられる。この点で興味があるのは、移行を表す用語として shift と drift というややニュアンスの違った表現が用いられていることである。前者はやや急激な変化を示し、後者はそれに比べると相対的に緩やかな変化を意味していると考えることができる（ただし、先の大学院生の内省を扱った Hoffman, 2000 では drift が使われている）。この種の内省は、時間の経過とともに急激な変化から緩やか変化へと変わっていき、最終的にはある落ち着きを示すことになろう。こう考えると、当初の急激な移行から緩やかな移行へ、そして最終的な落ち着きへと、いくつかの段階を区別する必要がある。そしてこうした段階のどこで、どのような介入が効果的なのかも考えなければならない。

この際に気がかりなのは、この大学院生の内省報告ではその移行の原因の多くが内的なものだということである。彼が用いているのは、事故に出会った体験とそれを判断するこれまでの経験の想起だけである。この大学院生は、この段階では事故を起こした若者についての情報を探したり、他人の意見を求めたりはしていない。もしこうした情報に接することがあれば、それによって彼の内省が大きく左右される可能性は高いといわなければならない。こうした付加的情報などの外的要因の効果を考えに入れると、ここで問題とした移行の時間的経過はさらに複雑なものになっていくのである。

（二〇〇九）

10 積極的「傍観者」の話

お話のタイトルは積極的「傍観者」の話ということになっていますが、このタイトル少しおかしなところがありますよね。それは「積極的」というのと「傍観者」とがミスマッチで、この二つがぼくらの中に認知的不協和を作り出すためなのだと思います。傍観者というのは本来は消極的で、積極的になっては傍観者とはいえない感じです。もともと積極的傍観者という概念は、ハンガリー生まれでマサチューセッツ大学名誉教授のスタウブ（Staub, E.）という社会心理学者によって言い出されたものですが、active bystander がもとのことばです。ぼくは彼の初期の論文、それは子どもへの責任付与の実験の報告を読んでから半世紀近くになりますが、その間ずっとスタウブと呼んできました。今回初めて不安になってネットで調べてみましたらどうもストーブが正しいらしいのです。彼の著作は一冊も訳されてはいませんが、ストーブというキッチン関係の直販店があるらしい。と言っても、半世紀もの間スタウブでやってきましたので、ご本人には悪いのですが今回はそのままにしたいと思います。

ここでスタウブの経歴を少しお話した方がよいかと思います。一九三八年にハンガリーでユダヤ系の家庭に生まれました。ぼくは一九三五年生まれですから、ほぼ同世代ということでしょうか。第二次世界大戦中のハンガリーはナチス・ドイツの圧力下にありました。例えばドイツ・イタリー・日本の三国同盟、これは一九四〇年九月に成立しますが、ハンガリーは十一月にそれに加わります。一九四三年、ロシア戦線に送られたハンガリー軍は壊滅的な敗北を喫します。一九四四年にはヒトラーがハンガリーの軍事占領を決めます。こうした状況の中でユダヤ系のスタウブは厳しい幼少期を過ごすことになります。多くのハンガリー系ユダヤ人がアウシュヴィッツに送られ、その大半が殺害されます。にもかかわらず、後にスタウブによって active bystander と呼ばれるようになる人びとがいて、その援助によってスタウブは命を永らえます。そうした人びととして、長年スタウブ家にいたマックスと呼ばれる中年のお手伝いさん、そしてハンガリーで外交特権を使って多くのユダヤ人を救ったスウェーデンの外交官ラウル・ヴァレンベリのことを、スタウブは後に何度も話すようになります。戦後のハンガリーにはソビエトに支えられた共産政権ができますが、一九五六年になりますとこの政権に不満を持つ市民が蜂起してハンガリー動乱と呼ばれる事件が起き、ソビエトが軍隊を派遣して鎮圧にかかります。この際にも多くの市民の血が流され、たくさんの人びとが国外へ逃れることになります。スタウブはこのときに一八歳でウィーンに逃れ、そこで三年間を過ごします。一九五八年にやっとビザを得てアメリカに渡り、その後スタンフォード大学で心理学を学び、Ph. D. はプリンストン大学（一九六五）で得ます。ハンガリーでのホロコースト体験とその後の共産政権下の体験とは、スタウブが active bystander という概念にたどり着くのに大きな影響を与えていると考えられます。

さて、積極的傍観者のお話をするには、消極的傍観者のことを説明しなくてはなりませんが、この言い方も少なからずヘンなもので、傍観者は消極的で受動的なのが本来の姿ですから、消極的傍観者とか受動的傍観者とはいわないわけです。ここらの事情は、bystander を傍観者と訳すことからきているようにも思いますが、それはおいおい話すとして、消極的傍観者を話題にしましょう。

キティ・ジェノヴィーズ事件

ご承知の方も多いと思いますが、このことにはある殺人事件がかかわりをもっているとされています。一九六四年三月一三日の早朝、ニューヨークのクイーンズ地区、これはマンハッタン島の河を越した東に位置する地区ですが、そこで起きた殺人事件がそれです。被害者の名前を取ってキティ・ジェノヴィーズ事件と呼ばれていますが、バーのマネージャーをつとめていた二八歳の小柄な女性キティさんは仕事を終えて帰ってきて、自分のクルマから降りてアパートへ行くまでの間に、犯人に繰り返しナイフで襲われます。三時二〇分から五〇分までの間に起こったことです。キティさんは「刺されたぁ」とか「助けて」といった声を上げ、それに応じてあちこちの窓に明かりがついたり、「どうしたんだ」「やめろ」といった声が上がったりしますが、誰も外へ出てくる人はいません。犯人はその度に犯行現場を離れますが、すぐに戻ってきて犯行をつづけます。結局、こうしたことが三回繰り返された後で、キティさんはアパートの入り口で最期を迎えることになります。その二分前に警察に電話をした人がいて、警官がすぐ駆けつけますが、もう遅かったのです。この事件のことはその日の夕刊や次の日の朝刊で取り上げられますが、「都会人の冷淡さ」「道義心の低下」といった指摘が多く、当時よく使われた「アパシー」という表現も多く用いられたようです。

ぼくはこの事件のことを、数年前に邦訳が出ましたローゼンタールの『38人の沈黙する目撃者』（青土社）によってお話ししています。ローゼンタールは一九六四年当時はニューヨーク・タイムズの編集主幹になったばかり（ヨーロッパやインド、日本などでの特派員の経験が長かったのです）でしたが、この事件について自分の新聞にとおりいっぺんの記事が載っていたことに気づいてはいませんでしたし、この事件に関心はなかったと書いています。それが変わったのは、ニューヨーク警察の署長とランチを共にした折に、三八人の人びとがこの事件に気づいていながら、誰一人として助けようとはしなかったと教えられてからです。署長はこのことをアパシーという表現で話します。彼が関心を示すと、署長は意外なといった顔をしましたが、これはニューヨーク・タイムズが事件を扇情的に取り上げるイエロー・ペーパーではなくて、知識人を相手とするクオリティ・ペーパーとみられていたからでしょう。ともかくローゼンタールは部下を現場に派遣して調査を始め、新しくこの事件を取り上げることになります。こうして事件から二週間後の三月二七日、一面下四段の記事が載ります。この記事によって三八人の目撃者という話が広がります。それを発展させたこの本はその年のうちに出版されましたが、いまもなお出ていて、訳本には一九九九年のローゼンタールの序文が付いています。言い忘れましたが、この本のタイトルは *Thirty-eight Witnesses*（三八人の目撃者）になっていて、bystander は使われていませんし、「沈黙する」という表現はされていません（電話をかけた一人は少なくも沈黙してはいませんでしたし、目撃者の多くは eye witness ではありませんでした）。

ラタネとダーリーの実験

いずれにしてもこの本を含めて、ジャーナリズムだけでなく、オフブロードウェイで演劇が上演されたり・事件をもとにした小説が発表されたりという具合で、キティの事件が与えた影響は大きく、それは現在もなおつづいているといえます。心理学者や社会学者も言うまでもなく強い関心を示しますが、その中で有名なのは、ラタネとダーリーによる実験であることは皆さんもご承知のことでしょう。

この一九六八年に発表された実験では被験者（今はそういわないんですよね、実験協力者ですか）

は男女の大学生で一人ずつブースに入っています。ある者は話し相手は一人だけだと言われていますが、別の場合には三人あるいは六人だといわれています。このどの場合にも実際には相手は一人です。話題は学生生活での問題点とか悩みといったもので、最初の二分間はイヤホーンを通じて相手が話すのを聞いてくれと言われます。話し始めて間もなく、相手が発作を起こしてうめき声をあげるという事態が起きます（実際は相手の話を含めて事前にテープに入れたもの）。二・三・六人といわれたグループの人数の違いが、「大変だあ」といってブースを飛び出す者の数とどう関係しているかが問題です。その結果は明らかで、グループの人数が多くなると飛び出す人数は減りますし、飛び出す時間も遅くなります。二人の場合には全員が飛び出しますが、六人では飛び出す者の数はずっと減ります。ここからラタネたちは「責任の分散」が生じていると論じています。キティさんの事件でもこれと同じことが起きているというわけです。もちろんそれだけが理由ではありません。明かりをつけて外を見ますと誰も外に出ている人はいません。とすれば、ここで自分だけが飛び出すことはないと考えます。これは一九二四年に、ずいぶん昔ですがF・H・オルポート（G・W・オルポートの兄さんです）が指摘した「一般性の印象」というのがこれに当たります。その場面で一般的な行動は何だろうかが問題だということです。さらに言えば、ここで自分だけが飛び出すとみんなからどう思われるか、ということもあります。「評価懸念」ですね。

この実験などを中心に書かれたのが、一九七〇年に出版された*The Unresponsive Bystander*で、この本は一九七七年に邦訳『冷淡な傍観者』(ブレーン出版)が出ます。Unresponsive に冷淡なという訳がついていますが。名訳ですね。訳したのは心理学者の竹村さんと英文学者の杉崎さんで、竹村さんはぼくの友人です。竹村さんはアメリカに留学してラットの学習で Ph. D. を取った人ですが、帰ってきてからは聖心女子大の人間関係学科に勤めたこともあって、実験社会心理学者になりました。そういえば彼が亡くなってから、その頃は筑波大の教授でしたが、二八年にもなります。

向社会的行動とは

ぼくが向社会的行動に興味を持ったのはこの竹村さんの訳書のこともありますが、マッセンとアイゼンバーグの本に出会ったからです。一九七九年の夏のことだったと思いますが、丸善かどこかのカタログに載っていた *Roots of Caring, Sharing and Helping*, 1977 がそれで、『思いやりの発達心理』というタイトルにして金子書房から一九八〇年に出版しました。マッセンはご承知のように児童心理学の大ボスで、ナンシー・アイゼンバーグはその下で一九七六年に Ph. D. 論文を書きました。向社会的判断がテーマで、ピアジェやコールバーグの流れに沿った向社会的ジレンマを使った事例法で、子どものこの種の判断を六つのステージに分けました。ぼくは一九八七年に新宿のホテルで開かれた国際発達学会の折に、アイゼンバーグに会ったことがあります。アメリカのどこのキャンパスにもいそうなポニーテールの女の子だったのでビックリしました。その時もそうだったと思いますが、いまもアリゾナ州立大にいて、押しも押されぬこの分野の指導的研究者になっています。なお、この本は一九八九年に改訂版が出まして、一九九一年に愛知学院大の二宮さんと翻訳をしました。『思いやり行動の発達心理』（金子書房）がそのタイトルです。二宮さんはマッセンに面識があったので訳書を送りましたら、「訳が正しいかどうか検討している」という返事がきました。

二冊の章立てを見ますと、一冊目の出た一九七七年の段階でかなりのことがわかっていること、それを支える実験などのデータが積み重ねられていることがわかります。この種の行動の動機についての研究はまだ十分ではありませんが、それでも二冊目で新たに設定された「9章　向社会的行動の情動的要因」では、共感だけでなく、同情、罪悪感などへの言及があります。家庭環境やそこでのしつけといった心理学お得意の分野での研究はますます盛んですし、テレビなどのマスメディアの影響の研究もあります。この二冊には生理心理あるいは脳科学での研究はまだ見られませんが、いまでも基本的な情報が得られる本だと思っています。一冊目の訳書について竹村さんが書評を書いてくれて、誤訳二か所を指摘してくれました。それよりも面白かったのは、翻訳を出すとその分野の専門家と思われるようで、『波多野・依田　児童心理学ハンドブック』（金子書房）の向社会的行動の章を書けという注文がきました。一九八二年のことです。自分では何もしていないのにどうかとは思いましたが、もちろんよろこんで書きました。

最初の訳書が出た段階（一九八〇年）では、prosocial behavior の訳語はまだ確定されていませんで、向社会的行動のほかに順社会的行動、社会福祉的行動、社会的支援行動、積極的な社会行動などの訳が使われていました。いまでは大体のところ「向社会的」で落ち着いていますが、一九八〇年代に出た事典の中にはこうした訳語が使われているものがあります。ぼくは広島大におられた祐宗さんといっしょに、一九八三年から五年間、日本心理学会の大会の折にこのテーマでワークショップをやりました。毎回大体五〇人くらいの参加者がいて、その中には順社会派もいるわけで、こちらが「向社会的」というとむこうは「順社会的」といって、お互いにニヤッとするわけですね。このワークショップの一部は現代のエスプリ二九一号「思いやりの心理」にまとめられています。

さて児童心理学ハンドブックのことですが、ぼくはそこでマッセン・アイゼンバーグの本を下敷きにして向社会的行動の定義を書きました。(1)相手に対する援助、(2)外的報酬を目的としない、(3)何らかのコストがかかる、(4)自発的にやられる　の四つの条件がそれです。この中で自発性のことはマッセンたちの最初の本では取り上げられてはいなかったのですが、ぼくは書いていますね。アイゼンバーグはこの段階でいくつかの論文を書いていますから、それを見たのかもしれない。一九八九年の改訂版では自発性のことが加えられていますが、アイゼンバーグたちがぼくの論文を読んだとは思われませんね。いずれにしろこの定義はかなり限定的な、きついものです。そのこともあってぼくは、この定義は向社会的行動の上限を示したものだと書いています。また、最初の本の段階ではこの種の行動の動機についての研究は十分に進んでいなくて、せいぜいのところ「共感」が問題にされているくらいです。そこらを発展させたバトソンの実験は一九八〇年代に精力的にされることになりますが、この段階ではまだ海のものとも山のものともいえない感じだったと思います。バトソンのことは後でお話しします。

こういうわけで向社会的行動の研究は、状況的な規定因についての実験社会心理学での研究から始まり、一九七〇年代の前半には子どもを中心にした発達的な研究が始まります。この段階で、antisocial behavior や asocial behavior との対比で prosocial behavior という表現が用いられるようになります。その中心は援助行動、分与行動、寄付行動です。この時期にも社会生物学的な議論（ウイルソンの *Sociobiology*, 1975 では人間の社会的行動が遺伝子の支配下にあるとされ、論争を巻き起こしました）はされていますが、進化心理学での研究が始まるのは一九八〇年代末から、今世紀に入っては行動経済学での研究が増えます。これが全体の流れでしょうか。

『向社会的行動ハンドブック』

この分野の現在の研究動向を見るには、去年出たシュレーダーとグラジアノーが編集した *The Oxford Handbook of Prosocial Behavior*, 2015 が便利だと思います。ぼくは社会心理学研究のこの春の号（三一巻三号）にこのハンドブックの書評を書きました。キティ・ジェノヴィーズ事件以後の五〇年、この領域の研究は多種多様で膨大なものですが、それをまとめるハンドブックは出版されることはありませんでした。社会心理学や児童心理学のハンドブックにはこの問題を扱った章がここ二〇年ほど含まれてきましたし、この点を取り上げた概説書は何冊かあります。その中ではシュレーダーが著者の一人である *Social Psychology of Prosocial Behavior*, 2006 のような便利な本もあります。

この五〇年間、向社会的行動についてのハンドブックが出なかったのは、この分野の研究が広がりすぎたことと、この問題を整理する枠組みが見出されなかったことが関係しているように思われます。ともあれこのハンドブックが出たことで、向社会的行動の研究も一区切りを迎えたと考えることができます。このハンドブックでの向社会的行動の定義は「相手の利益になる行動」という広いもので、こうしないと現在のこの研究領域をまとめきれないのでしょう。具体的には、援助行動・利他性・ボランティア・協力がその内容だとされていますが、こまかくみるとこれだけでは覆いきれない部分がたくさんあるように思います。

このハンドブックの主な部分は、これまでの研究をマイクロ・メゾ・マクロの三つのレベルに分けてあるのが特徴です。Ⅰマイクロレベル（2－12／章の番号）では向社会的行動の進化上の起源と個人差、Ⅱメゾレベル（13－22）では対人的な相互作用、Ⅲマクロレベル（23－28）ではより大きな制度や集団での向社会的行動が問題にされます。これはシュレーダーたちのアニュアル・レヴュー誌に発表された共著論文（2005）で提案され、さっき触れた彼らの共著でも有効に使われている多レベル的アプローチなのですが、今回はそれがあまりうまくいっていないように思われます。

少し細かく見ていきますと、マイクロレベル（Ⅰ）では進化心理学（2・5）や行動経済学（4）での研究、それに心理学のいろいろなテーマとのかかわりが問題にされています。発達（6）、道徳性（7）、恐怖管理（9：これは存在脅威管理理論と呼ばれているものです）、文化（10）、愛着（11）、向社会的パーソナリティ（12）などがそれに当たります。メゾレベル（Ⅱ）では、利他性（13）、共感（14）、援助要請（15）、動機（17）、親密な関係（18）、ジェンダー差（19）、人種（20）、人生後期（21）、スティグマ（22）などがそれです。マクロレベル（Ⅲ）では、ボランティア活動（23・24）、協力（25・26・27）、寛容さ（28）などがとりあげられます。こうしたテーマはいずれももっともなものですが、なかにはこの種の行動の文脈規定的な性格のように、マイクロ（8：自己との関係）・メゾ（16：他者との関係）二つのレベルで取り上げられているものもあります。またこのレベルは、相互に重なり合いながらも、それぞれが独立しているとされています。シュレーダーたちのいう「多レベル的アプローチ」は、その利点が今回はうまく示されていない感じももちます。それは今回のハンドブックで取り上げた問題が広がりすぎていることと関係しているのかもしれません。このことは特に、Ⅰのマイクロレベルに進化論的な議論と個人差の規定因とをいっしょにしたあたりに問題がありそうです。

傍観者ではなく「立会い者」

またお気づきの方も多いと思いますが、今回の話では「傍観者」ではなく「立会い者（たちあいしゃ）」という訳語が用いられています。これはまだ一般的な訳語ではありませんし、この数週間テレビに出てくる「盛りド」「盛りツチ」（どちらも「盛り土」）問題にも似たところがあります。と言って「りっかいしゃ」とか「たちあいもの」というのもヘンです。ともかくbystanderの積極的・消極的の両面を含んだ訳語が必要で、それが「立会い者」だというわけです。これに似たもので「立会い人」がありますが、それは「株式市場の立会い人」とか「決闘の立会い人」といったイメージがありますよね。問題は「傍観者効果」という項目がすでにいくつかの心理学関係の辞典に載っていることですが、これはbystanderの消極的側面に限られます。Bystanderのもとの言葉であるstand-by（スタンバイ）は船舶用語で、船長さんが「スタンバイ！」といえば「出港準備！」ということです。テレビのフロアディレクターが「スタンバイお願いします」では「出番ですよ」がその意味です。このどちらも「準備して待て」という積極的な内容です。「スタンバイ」はもう日本語で、国語の辞書にも載っています。そのうちに「傍観者効果」は「立会い者効果」の消極的側面であるといったことが、専門の辞書に載るようになるとよいのですが、どうでしょうか。

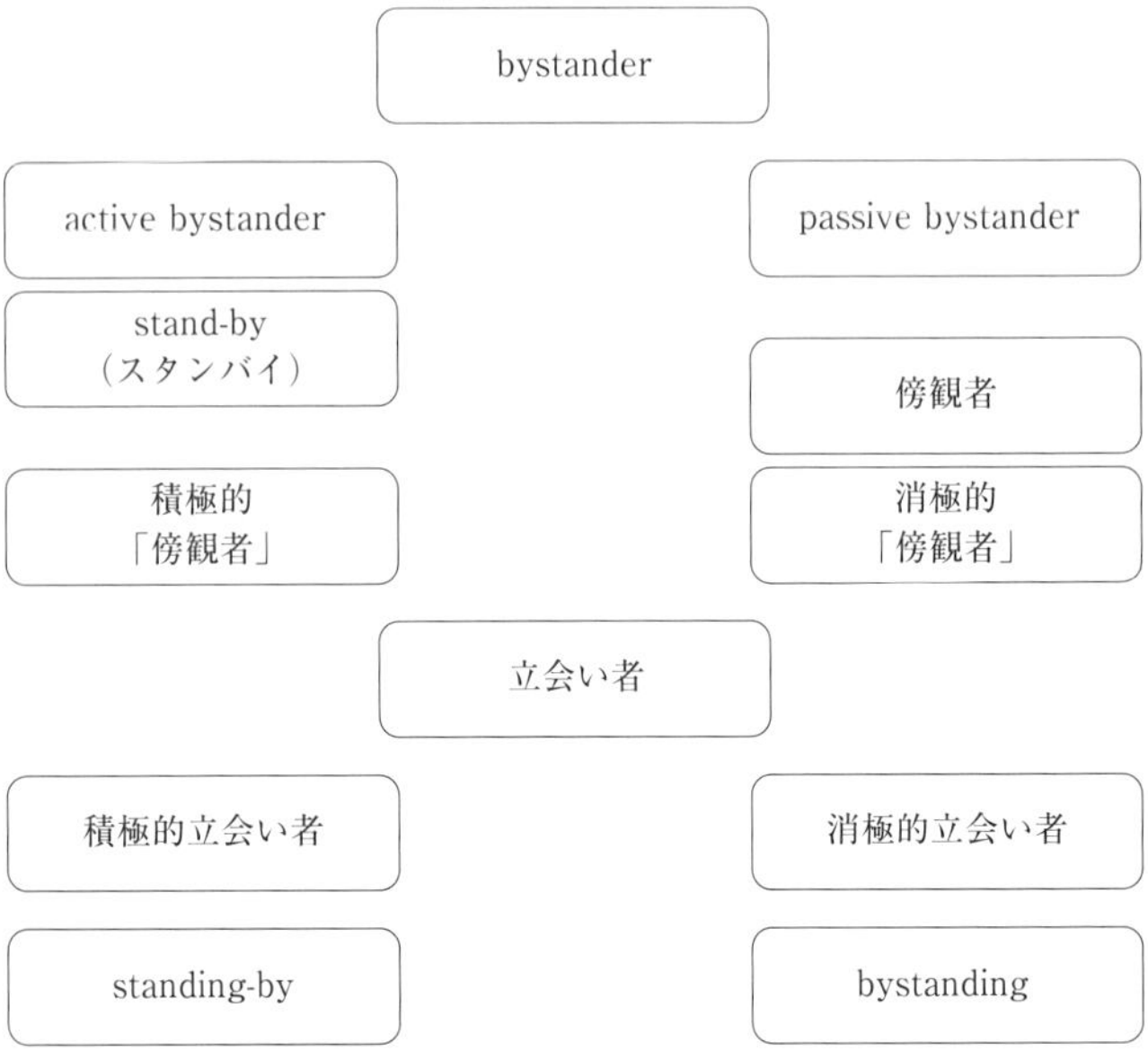

図10-1　いくつかの概念の間の関係

これまで出てきたbystanderをめぐるいくつかの概念を整理してみましょう。図10－1をご覧ください。英語としてのbystanderは、相手との積極的・消極的関係の双方を示す用語かと思います。ですからスタウブがやったように、active bystanderとpassive bystanderとでその性質を示すことができます。Stand-byはactive bystanderの一部ですが、スタンバイとして日本語にもなっています。Bystanderを傍観者と訳すには無理がありますし、active bystanderを積極的「傍観者」と訳すにも無理があります。傍観者は本来積極的ではありませんし、この点で消極的傍観者というのもヘンです。そこで少々問題はありますが、bystanderに「立会い者」という訳を付けてみました。これはbystanderと同様に、相手との積極・消極双方の関係を含めたものと考えます。こうすれば、積極的立会い者・消極的立会い者という表現でその性質を示すことができます。これでうまくいったと思いますが、どうでしょうか。いちばん下のstanding-byとbystandingとは後で説明します。

ぼくの訳書との関係

このハンドブックのいいところは、ぼくの訳した本の著者の名前があちこちに見られるのですね。アイゼンバーグたちの二冊のことはもう申しましたが、6章にその名前があります。バトソンは長い時間をかけて共感－利他性仮説を立証しようとする実験を繰り返してきた人で、13章に名前が見えます。二〇一一年にそのライフワークである本が出まして、二宮さんと訳しました。『利他性の人間学：実験社会心理学からの回答』(新曜社)というのが訳本のタイトルです。この問題を論じる人びとの多くは、自己利益を手にするのがぼくらの最終目的であって、援助するのはそのための手段だとしてきました。バトソンはこのような利己性仮説には六つのタイプがあるとして、それとの対比で、本当の利他性（相手の利益になることだけを目的とする動機づけ）があり得ることを数多くの実験で示すことに、四〇年近くの時間を費やしています。その結果をまとめたのがこの本で、おおむね説得力ある結果が出ているといえます。

この訳本を作るのはたいへんで、ぼくも二宮さんも実験社会心理学者ではありませんし、バトソンの英語はなかなかわかり難く、ところによっては実験リポートのように素っ気ないのです。ずいぶん努力したのですが、ある若い友人からは「読めば読むほど頭が痛くなる」と言われてしまいました。この本の中でバトソンは、自分の実験計画がだんだんに大学の倫理委員会を通らなくなってきているとこぼしています。それは deception、つまりごまかしですね、被験者に嘘をつくことでハッキリした実験結果が得られるという方法論、これは一九六〇年代の実験社会心理学で多用されてきたものですが、それが問題とされるようになってきたのでしょう。バトソンは二〇〇八年に長年勤めてきたカンザス大学を辞めますが、このことが理由なのかもしれません。多少の（かなりかな）読みにくさはありますが、この本は利他性問題に一応の結果を出したものとして、避けて通れないものですね。

その次の14章にはデイヴィスの名がありますが、彼は IRI ＝ interpersonal reactivity index（対人反応性指標）、これはいちばんよく使われている共感の多次元的尺度（一九八三）ですが、その作成者です。想像性・役割取得・共感的配慮・個人的苦痛の四下位尺度と二七項目からできています。訳書『共感の社会心理学』（川島書店）は一九九九年に作りましたが、ぼくはこの時に初めてＰＣを使って仕事をしました。ブラインドタッチができませんで、実はいまもできませんが、四か月ほどで訳を仕上げたら右手の二本の指が動かなくなるくらいでした。この本にはまだ脳科学的な研究はあまり含まれていませんが、伝統的な共感研究のまとめとして役立つものと思います。

ハンドブックへのぼくの書評では、脳科学的な研究の章があってもよいと書きましたが、この夏に訳書が出たディセティとアイクス（編）の『共感の社会神経科学』（勁草書房）は、この分野の研究を知るのに便利です。訳者は札幌国際大学の岡田顕宏さんで、この本は神経科学の社会心理版だといっていますが、こまかな訳注をつけた読みやすい訳本と思います。

スタウブの積極的立会い者

ところでハンドブックの残りの部分（Ⅳ）は今後の展開ですが、そこでは宗教（29）、環境活動（30）、ガンの臨床（31）、平和心理学（32）、そして積極的立会い者（33）が並んでいます。積極的立会い者の章を書いているのがスタウブで、彼の議論はこのハンドブックだけでなく、同じ年に公刊された *The Roots of Goodness & Resistance to Evil* にもほぼ同じ論文が載せられています。ハンドブックの33章とこの本の22章とはほとんど同じ原稿です。（ぼくは同じ原稿を同じ年に別の本に入れようとして、断られたことがあります。スタウブさんほどのカリスマ性はぼくにはないのでしょう。）

スタウブが積極的な立会い者というアイディアをどの時点で思いついたかですが、彼は一九七八－七九年に積極的社会的行動についての二巻の大著 *Positive Social Behavior and Morality*, 2 vols を出していますが、そこには bystander の受動性を扱った数ページが含まれています。スタウブへのインタビュー記事が一九九三年の六月にニューヨーク・タイムズに載りますが、そこでは出来事の意味を確定する役割を bystander が担っているとしています。立会い者が active に行動すると出来事の意味が変わってくるのですね。この時にはまだ active bystander ということばは使っていませんが、action by bystander いう言い方はしています。それがキチンとした形を取るのは、二〇〇二年の *The Psychology of Good and Evil* であるように見えます。この本の索引にはじめて、active bystander と passive bystander の項目が見えます。あちこちに書いた論説などを集めてつくられたこの本には、二〇〇一年に書かれた二つの論説が載っていて、そこに active bystander という表現があります。この本にはまた、"To Macs and all active bystanders"（マックスとすべての積極的立会い者たちに）という献辞があり、それも理由の一つになりそうです。マックスは前に申しましたように、スタウブが幼少の頃に出会った中年の女性の積極的立会い者の名前です。

積極的立会い者ということでスタウブが何を意味させているかですが、それは「包括的ケア」と「道徳的勇気」の二つだといいます。包括的ケアでは「われわれから彼らへと」ケアを広げ及ぼすことが問題で、思いやりの拡張ですね。道徳的価値と思いやりの感情によって行動すること、これが道徳的勇気です。そしてこの二つを支える要因として、「コンピテンス」「役割取得力」「コミュニティでの周辺的立場」の三つがあるとされます。コンピテンスは具体的には有能感と実行力のことですし、役割取得力には想像力 imagination の有無が関係しています。周辺的な立場ではハンガリーでのユダヤ人としての体験が思い出されます。コミュニティで中心的な立場にいると、積極的立会い者になれないようですね。

こうしてスタウブの研究は、子どもの向社会的行動についての実験社会心理学的なところから始まっていますが、その後は次第にフィールド中心のものになり、しかもアクションリサーチの性格をもつようになります。そこには世界各地でのジェノサイドや暴力のケース・スタディも含まれています。*The Roots of Goodness and Resistance to Evil* では、学校でのいじめ（15・16）や警官の暴力への対応（14）から始まって、ウガンダ（18）やオランダ（19・20）での民族間対立へのコミュニティレベルでの対応策などが問題とされています。その中で積極的立会い者の役割がクローズアップされてきますし、キティ・ジェノヴィーズ事件やラタネ・ダーリーの実験での受け身の消極的立会い者から、いじめや暴力、民族間対立や抗争、ホロコーストやジェノサイドなどでの積極的立会い者へと、ウエイトの置き方が変わってきています。

スタウブは「それやめよう」「ちょっと違うんじゃないか」といったひとことが重要だと言っています。こういうことで、ぼくらは積極的立会い者になるわけですね。そこからスタートして、積極的立会い者のトレーニング・プログラム（16・17）が必要になります。この点に関心を持つ人はぼくらの周囲にもいまして、筑波大の図書情報メディア系にいる鈴木香苗さん（二〇一三）がネットいじめの防止を目的としたインターラクティヴ・ソフトを開発しています。鈴木さんはぼくの作った社会的スキルの尺度であるKiSS-18のヘヴィー・ユーザーでもありますので、ネットでこのソフトを見つけた時にはビックリしました。彼女は積極的傍観者ではなく「行動的傍観者」といっていますが、この方がいいのかもしれません。

クラークソンの本のこと

スタウブと似たようなことを考えている人もいるはずだと思って、ぼくの書庫を見ていたら、そのものずばりの本が見つかりました。イギリスのカウンセリング心理学者であるクラークソンが一九九六年に出した *The Bystander* という本で、この本の7章のタイトルが 'bystanding' から 'standing by' へとなっていて、これが彼女のキャッチコピーなんですね。これはほぼスタウブの消極的な立会い者と積極的な立会い者とに当たるわけです。ぼくの書庫は、買ったからといって読みはしない本が積み重なっていて、そうした積ん読本でいっぱいでして、最近はどうしたもんだろうかと考え込んでいるわけです。だからこの本も、急に目の前に現れて、先月のことですが、ビックリしたんです。長年ホコリをかぶってきた本もきょうは役立っているわけですから、本は買っておくものですね。しかし問題は、それを最終的にどう片づけるかですよね。

クラークソンはこの本の中で、bystanding behaviour の基準を示しています。

・ある状況で、何かまずいことがあるらしいと感じる

・それが問題だと主張したり、その解決の準備をしたりする点で、自分から積極的に責任はとろうとはしない

・これ以外のほかのやり方はとれなかったと主張する

・この状況に影響を与える点で、そういう自立性も能力も自分にはほとんどないとする

この基準はカウンセリングなどの臨床場面をイメージして考えられたものと思われますが、もっと広くこの問題を考える時に、なかなか役立つのではないでしょうか。そしてこの反対（このごろの言い方では「真逆」ですか）が standing-by の基準になるわけですね。

この本にはもう一つよい点がありまして、それは bystander 周辺の対人関係を整理してあることです。その中からいくつか見てみますと、前に取り上げた apathy、「しらーっとしている」というのでしょうか、「無関心」「無感動」ですね。キティ・ジェノヴィーズ事件の頃にはこの言葉がジャーナリズムで流行っていたことはお話ししました。このことを行動の面で示したのが inaction で「無為」とでも訳しますか。Passivity、スタウブはこれを強制収容所の多くの人びとの反応にあてはめました。「受動性」とか「受け身」とかいうことでしょうか。Bystanding、「傍観」ですね、「消極的立会い」です。ここらからいくらか積極的になりますが、intervention、「介入」ですね。これはカウンセリン

グでは中心的なものになりますね。ただ intervention はうまく働かない場合がありますよね。ときには interference、「口出し」とか「じゃま」、あるいは「妨害」といった場合があります。そして standing-by ですね、クラークソンはこれに（supporting）という解釈を付け加えています、支持的行動ですね。これが「積極的立会い」あるいは「行動的立会い」につながっていくわけです。こうしてこの問題の流れは bystanding から standing-by へということになり、passive bystander から active bystander へというスタウブの考えと重なってきます。

さて、これで積極的「傍観者」の話、改めた言い方では積極的「立会い者」の話は終わりですが、そういうことを話して、お前はどう積極的に行動するんだ、ということが残りますね。この半世紀ほど向社会的行動に関心をいだいてきましたが、その中では社会的貢献などということが声高にいわれてもきました。こうしたことを研究者あるいは市民として考える際には、ぼくはいつも detachment という態度、対象から少し離れた構えが大切だと思ってきましたが、これにはある種の laziness（ものぐさ）も含まれていると思います。ぼくは十分にものぐさですし、そこらを考え出すと話は面倒になりますからやめますが、今回の話では取り上げなかった detachment という態度が大切ではないかと思っています。

11 思いやり研究の半世紀

キティ・ジェノヴィーズ事件を知っていますか

半世紀以上も前、一九六四年の三月一三日の早朝に、ニューヨークで起きた事件です。被害者のキティさんはバーに勤めていて、自分の車から降りてアパートの入り口に着くまでの間に男にナイフで刺されたのです。「刺された！」とか「殺される」といった声に応じて、あちこちの窓に明かりが灯ったり、「何してるんだ」「やめろ」などの声をかけた人はいましたし、そのときは犯人は逃げました。しかし、声が収まると犯人が戻ってきて、こうしたことが三回も繰り返されました。結局キティさんはアパートの入り口で死を迎えることになります。

二週間後の「ニューヨーク・タイムズ」紙に載った詳細な調査記事では、三八人もの人たちがこの事件に気づいていましたが、だれ一人として出てきて助けようとした人はいなかったのです。

この事件については、都会人の道徳性の低下やアパシー（無感動傾向）などが指摘されましたが、それだけではあるまいと考えた二人の心理学者がいました。

ラタネとダーリーの実験など

事件をヒントにした実験

大学生の被験者たちは一人ずつブース（小さな個室）に入っていて、同じグループの仲間とはインターコム装置でつながっています。それを通して相手と話し合いをするのですが、話題は「大学生活での悩み」といったもので、最初の二分間はまずは相手の話を聞いてもらうという約束です。さらに、ある被験者たちは相手と二人だと言われていますが、別の被験者たちは自分を含めて三人とか六人とか言われています。説明されるグループの大きさがそれぞれ違うのです。言うまでもなく、この人数は架空のもので、実際には一人ずつブースに入っている仕掛けです。

さて話し合いが始まって間もなく、話をしていた相手が突然に発作を起こして「うーん」と言ったきり話をしなくなります。それだけでなく、「どたーん」という音がして、相手は倒れたようなのです（インターコムに伝わってくる相手の話はあらかじめ録音されたものですし、「うーん」なども同じです）。

このときに「大変だ！」と言ってブースの外に出てくる人の数と教えられた相手の数との間には、どういう関係があるのでしょうか。相手と二人の場合には、外に出てくる人の数が一番多く（全員がそうでした）、早い時間に出てきます。これが六人グループですと、出てくる人の数も少なく、時間的にも遅れて出てきます。三人グループではその中間になります。

この結果は、「責任分散」ということで説明ができます。グループの人数が増えると一人あたりの責任が分散して小さくなり、結果的に出てくる人数が減り、出てくる時間も遅くなります。キティさんの事件でもこうした条件が効いていて、道徳性やアパシーよりも重要なことかもしれません。この実験結果は一九六八年にある専門誌に発表されましたが、援助行動の状況的要因を検討した古典的な研究として知られています。思いやり行動の研究はここから本格的に始まったといえます。

一年生と六年生で結果がちがう

「隣の部屋に小さな女の子がいるから、何かあったらよろしくね」と言われた子どもたち（一年生と六年生）がいます。この子たちは一人の場合と同学年の二人一緒の場合との二つの条件に分けられます。しばらくすると隣室で「ガチャン」と音がして、小さな女の子が泣き出します（あらかじめ用意されたテープ録音）。

一年生では、一人よりも二人の場合のほうが、隣室へ駆け出していくことが多いのです。六年生では一人の場合のほうが駆け出す数が多くなります。一年生では一人でいると不安で、二人になるとその不安は和らぎます。六年生では、互いに相手の顔を見て、相手はどうするのかを探っているようなのです。

一九七〇年に発表されたスタウブのこの実験では、子どもの援助行動に年齢がどう関係しているかが問題とされています。援助行動の発達心理的な研究が始まったわけです。

向社会的行動とは

この頃から、このタイプの行動は「向社会的行動」と呼ばれることが多くなります。それ以前から「反社会的行動」という言い方は広く使われていて、それは犯罪や非行のように、人と人とのつながりを壊してしまう行動です。向社会的行動ではこれとは逆に、このつながりをいっそう強めることが目指されているといえます。

ぼくがこの種の行動に興味を持ったのは、マッセンとアイゼンバーグ＝バーグの『思いやりの発達心理』を訳してからのことですが、この本は七〇年代までのこの研究分野の動向を知るには便利なものでした。この本での向社会的行動の定義は次のようなものです。

《外的な報酬を期待することなしに、他人や他の人びとを助けようとしたり、こうした人びとのためになることをしようとする行為のことである。このような行為をする場合には、行為をする側の者にあるコスト（損失）や自己犠牲、危険といったものが伴うことが多い。》

外的報酬とは、お礼の品や節約される時間だけでなく、相手の「ありがとう」ということばやそれに伴う笑顔なども含まれます。こうした報酬が当初から目的にされる場合には、それを向社会的と呼ぶのは難しくなります。これに対して、内的報酬（高揚感や達成感）が得られるのを目的にこの種の行動がされるのは認めてよい、とされています。

相手のためになることも重要な条件です。それは、この行動が相手に対しての援助であることを意味しています。問題は、そのことを援助をする側がどの程度意識をしているかですが、それを確認するのはそう容易ではありません。

さらには、こうした行動をとる際にはいろいろとコストがかかります。相手に授業のノートを貸すのと、溺れかけている相手を救うのとでは、そのコストには大きな隔たりがあります。

こうして、向社会的行動は外的報酬を目的としない援助行動で、その際には広い意味でのコストがかかる行動をいいますが、もうひとつ付け加えると、この行動が自発的にされる必要があります。周囲の人々に言われていやいやながらする場合とか、そうした人々のマネをしているだけという場合には、向社会的とはいえないでしょう（なお、この四つ目の条件はアイゼンバーグたちの本の改訂版では、詳しく取り上げられています）。

『向社会的行動ハンドブック』のこと

キティさんの事件から半世紀が過ぎました。その後のこの領域の研究はどうなっているのでしょう。表11‐1に、最近出たこの分野で初めてのハンドブック（二〇一五年）の目次を訳（省略訳）したものを載せました。ハンドブックでは、その研究領域の専門家たちがお得意のテーマで書いた論文が並んでいるのが普通です。そのことで、その研究領域は独立した領域として認められるわけですから、それには少し時間がかかります。それにしてもこの半世紀、この分野のハンドブックが出なかったのにはびっくりさせられます（社会心理学や発達心理学のハンドブックにはこのテーマの章が含まれてきました）。

ハンドブックが遅れたもう一つの理由は、たくさんの研究を組織立てて並べる理論的な枠組みがなかなか作られなかったためでしょう。この分野は次から次へと広がっていくのに忙しく、それを整理する枠組みがなかなか見出されなかったのでしょう。表11‐1を見ると、この点でも、どうにか準備が整ったといえるのかもしれません。

この間に行われた数多くの研究を三つのレベルに分けたのが、この表11‐1の特徴です。

Iマイクロ・レベルでは、向社会的行動の進化的起源と個人差の要因とが問題にされています。

表11-1 向社会的行動研究の現状

はじめに 1. 向社会的行動の領域

Ⅰ マイクロ・レベルでの向社会的行動

2. 社会性の進化心理学／3. 向社会的霊長類／4. 向社会的行動の経済学／5. 援助行動と分与行動の発達と進化的な起源／6. 向社会的行動の発達／7. 道徳性と向社会的行動／8. 向社会的行動の文脈規定性／9. 恐怖管理と向社会的行動／10. 文化と向社会的行動／11. 向社会的行動と愛着／12. 向社会的パーソナリティ

Ⅱ メゾ・レベルでの向社会的行動

13. 共感－利他性仮説／14. 共感と向社会的行動／15. 援助の要請と受容／16. 関係的な文脈の理解／17. 向社会的行動の動機と帰結／18. 親密な関係での向社会的行動／19. ジェンダーでの類似と差異／20. 人種との関係／21. 人生後期の向社会的行動／22. スティグマと援助行動

Ⅲ マクロ・レベルでの向社会的行動

23. ボランティア活動／24. ボランティア活動と健康／25. 社会的ジレンマでの協力／26. 正義と内集団協力／27. 集団間協力／28. 捉えにくい寛容さ

Ⅳ 向社会的行動研究の新しい方向

29. 宗教と向社会性／30. 向社会的行動と環境行動／31. ガン研究での向社会的行動／32. 平和心理学と向社会的行動／33. 積極的立会い者の役割

結論 34. 全体的な見通し

注）算用数字は，章の番号を表す。
出典：Schroeder, D. A. とGraziano, W. G.（編）のハンドブック（2015）の目次による。

テーマとしては社会生物学での研究は、一九七〇年代から始まっています。八〇年代後半からは、進化心理学（2／ハンドブックの章の番号。以下同）が大きな力を持つようになりますし、今世紀に入ってからは行動経済学での研究（4）が盛んになります。これ以外のテーマは、心理学の他の分野で問題とされているテーマ、発達（6）・道徳性（7）・恐怖管理（9）・文化（10）・愛着（11）などとの関係です。

Ⅱメゾ・レベルでは、ある状況での対面的な相互作用がとりあげられます。共感（13・14）・援助要請（15）・親密な関係（18）・ジェンダー（19）・人種（20）・人生後期（21）・スティグマ（22）などがそれです。

Ⅲマクロ・レベルでは、ボランティア（23・24）・協力（25・26・27）に見られるように、集団とそれよりも大きな組織や制度が中心になっています。

この三つのレベルは、相互に重なり合いながら独立もしていて、多レベル的な接近法の提案だとしています。この提案は、特にマイクロ・レベルでやや強引な所もありますが、研究の現状を示すのに役立っていると思われます。

Ⅳ新しい方向の中では、「積極的立会い者の役割」（33）は注目すべきものかもしれません。これはその受動性が中心に取り上げられてきた「傍観者＝立会い者」に、アクティブな側面を見出そうとする議論です。

こう見てくると、向社会的行動研究の豊かさが直感されるだけでなく、そのやや混乱した見取り図を見せられているような気にもさせられます。そのこともあってか、このハンドブックでの向社会的行動の定義は「相手の利益になる行動」という、ゆるい定義でほぼ一貫していて、前に見た四条件の限定的定義は使われてはいません。

向社会的行動を育てる

この点についてのエイジェント（担い手）としては、家族・友人関係・保育所や学校・地域社会・マスメディア、それに最近ではケイタイやスマホなどのＳＮＳまでいろいろで、こうした視点からたくさんのデータが集められています。その中から、親子関係についての研究の現状をまとめてみましょう。

強化とモデリング

ほめたり叱ったりという直接的な強化が大切なことはいうまでもありません。しかしこの半世紀の後半以降、モデリング理論が盛んになったこともあって、親子関係でもこの立場からのデータ収集が行われてきました。そこでは、モデルとしての親の向社会的行動の成功や失敗を見ることで、子どもは代理的な体験をし、その向社会的行動がモデルの行動の方向に変化してくると指摘されています。

親子関係の質と両親の温かさ

親子関係の質が問題で、この質がどういうものであるかが、幼少期から成人期までの子どもの向社会的行動に影響しているとされています。この質の次元としては「温かさ」が取り上げられることが多いのですが、それは安定した愛着関係とされているようです。この点で、権威的な親子関係では、向社会的行動は育ちにくいといえます。

両親の情動的社会化

子どもが向社会的に行動した際に、親がそれについての自分の気持ちをどう表現するかが大切とされています。また、子どもとこのことを話し合うのも、この傾向を育てるのに役立ちます。こうした点で、無関心であったり否定的であったりするのでは、子どもの向社会的行動は育ちません。両親の気持ちの面での成熟が重要といえます。

両親のしつけ

体罰を多用したり、プレゼントで誘惑したりする「力中心」のしつけでは、向社会的行動を育てることにはなりません。この点で有効なのは「説明的」なしつけで、相手に損害を与えたり相手に喜んでもらえたりした際に、その相手の気持ちに注意を向けることが試みられます。子どもとの関係を断とうとする「愛情除去」タイプのしつけは、向社会的傾向とはつながりは少ないとされています。

父親と母親との違い

この点については、母親の役割が大切だとする報告が多かったのですが、父親の役割を考える報告も増えてきています。青年期の子どもの同情心について、父親の支持が多い場合には母親の役割は小さくなりますが、父親の支持が少ない場合には母親の影響が大きくなるとする報告もあります。

子どもの特徴の役割

ここでの特徴とは、子どもの情動的反応性、性別、発達水準などのことです。恐怖心の強い子どもでは、自分にばかり注意が向くので向社会的行動は育たず、そうでない子どもでは、相手の気持ちや行動に注目する余裕があるので、向社会的に行動しやすくなります。そしてこのことは、親のしつけが統制タイプのものかどうかによって変わってきます。青年期に向社会的に行動したことは、母親になってからの親子関係の温かさと結びついているという報告があります。この場合にも、しつけのタイプによってこの結びつきは影響を受けます。向社会的行動の性差や発達水準との関係についても、これと同じことがいえるようです。

＊

これまで見てきたところからわかるように、思いやり研究は今や花盛りの時期を迎えているように見えます。そしてさらに今世紀に入ってからは、ｆＭＲＩ（脳画像法）などを用いて、脳の部位のどこが活性化されているかを知る研究が盛んになっています。向社会的行動についてもこの種のデータは多いのですが、後期高齢者であるぼくにはその理解が十分でないところがあります。またこのタイプの研究については、「脳よりも心」（S・サテル）といった批判があることも知っているので、ここではもっぱら「心」についての研究の流れを述べるにとどめておきました。

（二〇一七）

作った本たち

①『価値の比較社会心理学』（一九七五）川島書店／はじめに

本書は、著者らがこれまでの一〇年間にわたって行ってきた心理学的価値をめぐっての研究をまとめたものである。新しく書かれた序論や講演原稿（第5章）以外の部分は、すでに各種の専門誌に発表されたものであるが、二・三の重複部分や配列の修正を除いては、発表当時のままにしておいた。

筆者らのこの共同研究は、一九六三年の春、ゴードンの対人関係価値尺度（SIV）に興味をもった菊池が、このテストの出版元であるSRAを通じて手紙を送ったことにはじまる。その後の手紙のやり取りの結果として、一九六六年には最初の共著論文二編が発表された。一九六八年秋から一年間、菊池は文部省の在外研究員・ニューヨーク州立大学客員研究員として、ゴードンの主宰する行動調査研究プログラムに滞在し、この間に本書に含まれている共著論文のいくつかが作成された。菊池の帰国後、ゴードンは二回にわたって日本を訪問し、二回目の来日の際は、第二〇回国際心理学会議で「国民性と価値体系」のシンポジアムを主催した。

こうした経過を考えると、本書に含まれる各論文はその内容が比較文化的立場から書かれているだけでなく、その作成過程そのものがクロス・カルチュラルなものであるといってよいであろう。共著論文は、英語の手紙や会話での討論を経た後に、英語あるいは日本語で書かれて発表された。そのなかのあるものは、本書で英語から日本語に翻訳されている。心理学の専門書を読み、日常生活を営むのに最低必要な英語しか使えない菊池と、日本語をまったく解しないゴードンとの討論がどのようなものであったかは、読者に想像していただくほかはない。こうした作業の間、ゴードンはいうまでもなく英語で考え、菊池は日本語で考えていたことを付けくわえると、この共同研究の複雑さはさらに増加するのである。本書が日本語で刊行されるために、敏感な読者は本書の各章にみられる思考のすすめ方や表現のちがいから、原文が英語・日本語のいずれであったかをすぐに理解され、そのニュアンスのちがいを問題にされるかもしれない。個別に書かれたいくつかの章にも、共同研究のこうした事情はある程度反映しており、この場合にも、われわれは互いに相手を意識していたといえる。

こう書いてくると、これまでの共同研究が周到な準備と計画の下になされたように思われるかもしれない。しかし、事実はまったくその逆であって、著者らはいわばその折々の興味のおもむくままに視点を定め、計画をたて、資料を集めてきたにすぎない。こうしたやり方は、お互いを拘束することが少なく、それぞれが興味をもつ別の研究をも並行して行うことができたという利点をもっている。しかしこのこともまた、当初から予想されたというよりも、結果としてそうなったというにすぎない。ただそのなかで、相対的に一貫していた点のひとつは、やはり比較文化的な心理学的研究の方法論の検討ということであったといえるであろう。本書がこうした観点からの評価を受けることを、著者らは望んでいる。

日本におけるクロス・カルチュラルな心理学的研究は、研究者の数も多いとはいえず、研究の組織もやっとできはじめたばかりである。しかし、この種の研究の有用性は、今後ますます増えてくるものと予想されるし、そうした研究を目ざして著者らのところに手紙を下さる人びとも増えている。そうした人びとの研究のために、本書が役立つことも、著者らの願いである。

これまで著者らに論文発表の機会を与えてくれた *Journal of Social Psychology, International Journal of Psychology, International Review of Applied Psychology, Journal of Applied Psychology,* 年報社会心理学、教育心理学研究、季刊人類学、児童心理の各誌の編集者の方々にお礼を申し上げたい。また、専門的内容を含む本書を刊行することに同意され、ご協力いただいた川島書店の川島喜代詩社長と加清あつむ氏、それに編集を担当された杉秀明氏に、心から感謝したい。

一九七四年一〇月

レオナルド・V・ゴードン
菊池章夫

☆

②マッセン、P&アイゼンバーグ=バーグ、N『思いやりの発達心理』(一九八〇)金子書房/訳者あとがき

本書は、Mussen, P. and Eisenberg-Berg, N. *Roots of Caring, Sharing, and Helping: The Development of Prosocial Behavior in Children*. Freeman. 1977の邦訳である。著者のマッセンはカリフォルニア大学バークレイ分校の心理学教授、人間発達研究所教授であり、わが国でも『児童心理学』(今田　恵訳　岩波書店　一九六六)、『発達心理学Ⅰ・Ⅱ』(コンガー、J・J&ケイガン、Jとの共著　三宅和夫訳　誠信書房　一九六八)などの著作でよく知られている。もう一人の著者であるアイゼンバーグ=バーグは、マッセンの指導の下で博士論文「向社会的道徳判断の発達」(一九七六)を書いた新進の研究者で、現在はアリゾナ州立大学で研究と教育に当たっている。

本文中にもあるように、向社会的行動prosocial behaviorについての研究が盛んになったのはここ一五年ほどのことであるが、本書はその研究の現状と動向を手ぎわよくまとめている。訳者がこの本の邦訳を作成する気持になった理由には、次の三つのことが挙げられる。

その第一はこの問題の社会的重要性である。私たちの社会が複雑化し、さまざまな困難な問題をかかえるようになるにつれて、「思いやり」

とか「やさしさ」ということが言われるようになっている。しかしいったい何が「思いやり」であり「やさしさ」であるかについては、その分析は十分ではない。また、どうしたら「思いやり」や「やさしさ」を育てることができるかについても、実証的な資料に基づいた論議が欠けているのが現状である。こうした点について本書は、心理学が現在どんな資料を提供できるかをまとめるとともに、その限界をも正直に示している

　第二の理由は、本書の中心的なテーマとなっている向社会的行動研究の現状を紹介することにある。わが国でもこの種の研究は、近年ようやく盛んになってきているが、この問題の社会的重要性を考えると、まだまだ不十分な段階にある。このことは例えば、prosocial behavior という用語の訳語も一定せず、向社会的行動のほかに「順社会的行動」という言い方が使われていることにも示されている（訳者としては、この行動が積極的社会行動 positive social behavior と呼ばれることもあることから、「向社会的行動」という訳をとりたい）。またどのような行動が「向社会的」であるかについては、基本的にはその社会や文化が枠組みを決めているし、この種の行動の実際の現れ方についても、社会的条件や文化の影響が大きい。この点では、わが国の「向社会的行動」を問題にする場合には、わが国で収集された資料に基づいた検討がなされることが望ましい。本書は向社会的行動の研究法を詳しく紹介しているので、こうした研究がわが国の研究者によって行われる場合の手引きとなることが期待される。

第三の理由は訳者の興味である。訳者はこの十年ほど社会化研究に関心をもち、友人と協力して二冊の研究書を公刊した（斎藤耕二・菊池章夫（編著）『ハンドブック社会化の心理学』川島書店　一九七四、菊池章夫・斎藤耕二（編著）『社会化の理論』有斐閣　一九七九）。また政治的社会化の問題については、翻訳の仕事をしたこともある（ドーソン、R・Eほか『政治教育の科学―政治的社会化―』読売新聞社　一九七一　絶版）。本書はこれまで「道徳的社会化」というかたちで取り上げられてきた問題を、より広い視点から扱ったものといえる。その意味では、邦訳の書名（『思いやりの発達心理』）は適切なものとは言えないかもしれないが、「社会化」という用語が一般の読者にはなじみのうすいものであることを考えて、このようなタイトルにした。いずれにしても、本書は訳者にとって、自分の社会化研究への関心とつながるものである。

向社会的行動の研究は、特にわが国の場合その研究の歴史が浅いために、この問題についての文献は少ない。

中村陽吉『対人行動の心理―攻撃か援助か―』大日本図書　一九七六

ラタネ、B&ダーリー、J・M（竹村研一・杉崎和子訳）『冷淡な傍観者―思いやりの社会心理学』ブレーン出版　一九七七

はいずれも、向社会的行動の一部である援助行動 helping behavior を中心に取り上げたものである。向社会的行動全体を問題としたものとしては、

バータル、D『順社会的行動』誠信書房（一

九八一年春刊行予定／未出版）

がある。また子どもの向社会的行動だけでなく、この行動の社会化を含めて、この種の研究の全般的な展望を与えてくれるものに、

Staub, E. *Positive Social Behavior and Morality. Vol.1 Social and Personal Influence. Vol.2 Socialization and Development.* Academic Press, 1978

があり、向社会的行動の研究者にとっては必読の文献といえる。

訳文は一般の読者のことを考えて、日本語としての読みやすさに気を配ったつもりである。このために専門家や学生諸君には、かえってまだるっこしさを感じさせる部分があるかもしれない。また邦訳の作業がごく短期間に行われたことや、訳者自身がこの領域の研究に十分精通していないこともあって、誤解がないとは言えない。読者の方々からのご批判をいただきたい。索引は原書の索引をもとにして作成した。

本書のもつ重要性を理解されて、出版についてお力添え下さった菊池正美編集長、編集の実務を担当された田中康照氏と山下博子氏に、心からお礼を申し上げたい。

一九八〇年八月　菊池章夫

☆

③『育つ・育てる』（一九八三）川島書店／あとがき

「ご専門は何ですか」ときかれるとはなはだ困るが、少なくとも私は発達心理学を専門とす

る者ではない。青年心理や児童心理の講義をしているし、幼児心理の授業を担当したことさえあるが、そうしたときにはいつも自信がなく、自分の話すことにうさん臭さがつきまとってい る。教育学部に勤めていることもあって、子どもの問題について話をさせられたり原稿を書かされたりすることがあるが、そうした際にも同じような気持ちになる。

本書に収めたのは、こうした事情を背景に、ここ十年ほどの間に書いたものである。その時その時の求めに応じて書いたもので、はじめからまとめることを意図したものでないことは明らかだが、コピーを作って眺めてみると、そこには何か共通しているものが流れているような気もしてきた。サブ・タイトルにした「そのかかわりの心理」の「かかわり」という所に、それがあるといえるかもしれない。ここでいうかかわりとは、「育つ」ことと「育てる」こととのかかわりであるが、それは同時に「子どもと大人とのかかわり」でもある。私の関心は、人と人とのかかわりである対人関係の研究や、文化と文化とのかかわりである異文化間研究にもあるから、そのことが子どもの問題を考える場合にも背景となっているのであろう。

振り返ってみると、私のやってきたことはこの「かかわり」をみつめることにあって、それをどう変えるかということにはないように思う。学校教育や保育、家庭教育といったことについても、このかかわりをまずみつめ、それをよく知ることから出発しようとしている。こうした議論のしかたは、あまり元気のよいものにはならないけれど、そこを忘れてはいけないという気持がつよい。このことを含めて、読者の方々のご批判を得たい。

その時々に、私に問題を投げかけ、考えさせてくださった各誌の編集部や教育委員会の方たちに、心から感謝したい。ここに再録することを認めていただいたことにもお礼を申し上げる。川島書店の加清あつむ氏と伊藤久美子さんには、いつもながらの勝手をいわせていただいて、これまたお礼の申しようもない。

一九八三年二月

福島にて　菊池章夫

☆

④『ふれあいと思いやりの心理』(一九八四)川島書店／あとがき

ここ一〇年ほどの間に、主として求めに応じて書いたものを集めて、「ふれあいと思いやりの心理」というタイトルをつけてみた。研究者の中にはひとつのテーマを深く掘り下げていくタイプの人が多いが、残念ながら私はそうではない。その時々の自分の興味や周囲の事情から考えたり書いたりしたことが、後になってみるとひとつの軌跡として自分なりのものになっていればと願っている。それにしても、ここに収めたものはそのテーマがあまりにあちこちに散らばりすぎていて、いったいどんな軌跡を描いているのか心もとないばかりである。

Ⅰに収めたのは社会化の問題にかかわるもので、斎藤耕二氏と編集した次の二冊の本からいろいろと考えさせてもらったことの一部である。『ハンドブック社会化の心理学』川島書店

一九七四
『社会化の理論』有斐閣双書　一九七九
この問題についての、一応の自分なりのまとめは、
「家庭と子どもの社会化」祐宗省三（編）
『子どもの社会心理Ⅰ・家庭』金子書房
一九八二　一六七－二〇五
に書いたと思っている。
Ⅱはマッセンらの本の訳書（『思いやりの発達心理』金子書房　一九八〇）を作ったことから始まった仕事で、この面でのもう少しきちんとしたことは、
「向社会的行動」『波多野・依田　児童心理学ハンドブック』金子書房　一九八三
七一五－七三四
「向社会的行動の発達」教育心理学年報　二三集（一九八四）一一八－一二七
に書いた。
Ⅲには、さらに広い人間関係やコミュニティとのかかわりを考えてみたものを収めた。子どもの政治的社会化のことも、こうしたこととの関係で考えている。政治的社会化については、ドーソンらの本の訳書（『政治教育の科学』読売新聞社　一九七一　絶版）を出版した後は、いっこうに考えがすすんでいない。
Ⅳは異文化体験を扱ったもので、いずれも友人の樋口勝也氏（桜の聖母短大）との共同の仕事である。ここに再録させて下さった樋口氏に感謝したい。
異文化間研究についての私なりのまとめは、L・V・ゴードン教授との共著、『増補版　価値の比較社会心理学』川島書店　一九八一（初

版　一九七五）である。しかし現在では、そこでのやり方はやや古くなってきていて、樋口氏との仕事は私なりに新しい方向を探ってみた結果である。

社会化や思いやり、集団思考、異文化体験などを扱った論文のコピーを眺めていたら、「ふれあいと思いやりの心理」というタイトルが浮かんできた、というのが正直なところである。しかしこうまとめてみると、そこに私なりの軌跡があるのであろうから、ここでは手薄に感じられる「ふれあいと思いやり」にかかわるもっと直接的な研究を進めていくことを、これからの仕事にしなくてはなるまい。何年か後に、そうした仕事をまとめる機会があればと願っている。

ここに収めた仕事はいくつかの雑誌や書物にすでに発表したものである。多少の加筆や訂正はしたが、おおすじは発表当時と変わっていない。再録を許してくださった雑誌や書店の方々にお礼を申したい。

いつものことながら、川島書店の編集長である加清あつむ氏の友情にはいうことばもない。もとの論文のコピーを並べて、ああでもない・こうでもないとこの本の構成を二人で考えながら呑んだお酒の味は、いまも私の中に残っている。なお、こまごまとした編集実務は松田博明氏がやってくれた。

☆

一九八四年　盛夏

菊池章夫

⑤『思いやりを科学する』(一九八八)川島書店／あとがき

ここ一〇年ほど、思いやり(向社会的)行動に関心をもっていろいろ考えたり、小さな調査をしたりしてきた。最近ではこの問題をもう少しひろい文脈のなかで考えなおしてみたいと思うようになって、対人関係の心理学的研究に興味が移りはじめている。このことは、ここに集めた文章にも反映していて、思いやりの心理について書いたもののほかに、社会化や発達課題、社会的スキルについてのものが含まれている。

その時々の求めに応じて書いたものが多いので、内容的には繰り返しがあるし、想定した相手も、専門家である場合もあれば若い母親であることもある、といった具合である。すこしはまとまりのあるものにしようとして、手を入れてはみたが、それぞれの文章はそれなりのまとまりをもっているので、あまりうまくいかなかった。繰り返されている部分は、それだけ大切なことと考えている所でもあるから、お許しを得たい。なお、一部の文章(「思いやりの実験から」「〈わたし〉の話」「思いやりと競争の文化」)は、以前に同じ書店から出版した他の本(『育つ・育てる』『ふれあいと思いやりの心理』)と重複していることをおことわりしておきたい。

この本を準備しながら、私は別の大学(東京工業大学)に移ることになった。これまでやってきたことが、新しい環境のなかでどう変わっていくかは予測しにくいことだが、この本は結果的に、これまでいた大学(福島大学)でやったことのまとめになっている。

もとの文章を書いたときにお世話になったいろいろな書店の編集部の人たち、教育委員会の担当の人たちに、お礼を申したい。ここに再録することについてお許しくださったことにも感謝する。『思いやりを科学する』という書名は、日本口腔衛生学会の三四回総会（一九八五）でした特別講演からきている。同学会の会長であった清水秋男教授（東北歯科大学）に、お礼申し上げたい。

この本ができたのは、例によって、川島書店の加清あつむ氏との話し合いのなかからである。編集のこまごましたことは、松田博明氏をわずらわせた。お二人に感謝している。

一九八八年春

菊池章夫

☆

⑥『思いやりを考える——人と人とのかかわり学——』（一九九一）淡交社／あとがき

この本では、これまでとはすこしちがったことをやってみようと思いました。そのひとつは、専門のことばを使わずにやるということです。「相手の立場になる」「相手と同じ気持になる」とは共感のことですが、それを共感という言い方を使わないで考えてみようというわけです。このためにいいたいことがうまくまとまらなかったり、グルグルまわってしまったりしているようにも思います。しかしこうやってみると、共感ということばでわかったと思っていたことが、どうもそうではないらしいことに気づいたりもしました。

自分の経験したことを例にしてみようと工夫してみました。お酒のことがよく出てくるのに、クルマの話は出てきません。スキーでケガしたなどというのは、自分のことではありません。いずれにしても、自分の経験のせまさを感じさせられました。そこで友人のことなどもち出しましたが、それも特定の友人というわけではありません。

実験や調査などもいくつか話題にしてみましたが、正確な紹介ではなく、話のすすめ方に合わせたところがあります。きちんとしたことを知りたいときには、

中村陽吉・高木　修（編著）一九八七『「他者を助ける行動」の心理学』光生館

ラタネ、B＆ダーリー、J・M（竹村研一・杉崎和子訳）一九七七『冷淡な傍観者―思いやりの社会心理学―』ブレーン出版

アイゼンバーグ、N＆マッセン、P・H（菊池章夫・二宮克美訳）一九九一『思いやり行動の発達心理』金子書房

といった本を見て下さい。

それから、あまりはっきりとした資料のないことについても、考えをまとめてみようとしました。どれくらいまとまっているかはあやしいものですが、もう少し踏み込んだことをやろうとはしたわけです。いくらか確かな資料をもとに、ぼくが書いたものには、

菊池章夫　一九八三「向社会的行動」『波多野・依田　児童心理学ハンドブック』金子書房　七一五-七三四

――　一九八四　向社会的行動の発達　教育

心理学年報　二三集　一一八－一二七

――一九八八『思いやりを科学する』川島書店

――（編）一九九一　現代のエスプリ　No. 291（特集　思いやりの心理）至文堂

があります。

この本を作ることをすすめて下さったのは、同じ大学に勤める飯島　茂さんです。飯島さんは、ぼくが愛読し投稿したこともある雑誌「季刊人類学」の編集委員をしておられて、そのときは遠い人だったのです。三年前からたまたまいっしょの大学になりまして、いくらか近い人になっていただいたわけですが、この本でそれがいっそう近くなったように感じます。よい機会を与えてくださったことに、お礼を申します。楽しいイラストを描いて下さった森月明子さんにもお礼を言います。編集のこまごまとしたことは、服部友彦さんがやって下さいました。

一九九一年初夏　　菊池章夫

☆

⑦『社会的出会いの心理学／私の社会心理学ノート②』（一九九三）川島書店／あとがき

必要があって、自分の研究目録を作ることになった。その作業をしながら気づいたことは、自分のやってきたことのなかに、これまでに作った論文集とはすこし違った流れがあるということである。これまでの論文集とは、

A『育つ・育てる』一九八三

B『ふれあいと思いやりの心理』一九八五
C『思いやりを科学する』一九八八

のこと（いずれも川島書店）だが、Aでは子どものしつけや教育のこと、Cでは向社会的行動の研究が中心になっている。それにくらべるとBは、社会化や思いやり、コミュニティ、異文化体験など、やや多様なテーマを取り上げていて、少々困った末に『ふれあいと思いやりの心理』というタイトルにしたのを思い出す。サブタイトルに「私の社会心理学ノート」とつけたのは、このまとまりのわるさを少しカバーできるのではないかという気持ちがあった。

今度の論文集にも同じサブタイトルをつけて、その②としたのも同じ気持ちからである。ただこれまでの三冊といくらか違った所があるのは、ここに収めた文章の多くが何らかの点で「文化」を考えに入れて書かれていることだろう。ぼくが文化のことをはじめて勉強したのは、築島健三先生の文化人類学や言語心理学の講義に出席した三十五年も前のことである。その後もいろいろお教えいただいた先生が亡くなられて、もう二年近くになる。ぼくは結局、人類学者にも言語の研究者にもならなかったけれど、何か考えるときには文化やことばのことが頭のどこかにあって、そのことがこの本に収めたような文章を書かせたのだろう。

『社会的出会いの心理学』というタイトルは、この本の案を持って編集部を訪ねたとき、加清あつむ氏との話から突然に飛び出してきた。この場合にも、人と人との出会いが大切なはたらきをしているといえるし、それはぼくたちのかかわりを持っている文化とつながっていることでもある。前の三冊と同様に、加清氏の助力なしにはこの本はできなかった。編集の実際を担当してくださったのは岡山和男氏である。お二人に心から感謝している。

一九九三年八月

横浜にて　菊池章夫

☆

⑧『また／思いやりを科学する』（一九九八）川島書店／あとがき

本書は『思いやりを科学する』（一九八八）の改訂版である。旧版には、直接はこのテーマにかかわらない「学校での社会化」「発達課題の問題」などが含まれていたが、今回はそれらを除き、思いやり行動と社会的スキル中心の構成にした。「向社会的・反社会的な行動」「共感の発達心理」「思いやり行動の動機」「思いやりのしつけ」「子ども同士の信頼感」などが、こうしてつけ加えられたものである。このなかで「共感の発達心理」は春木豊・岩下豊彦（編著）『共感の心理学』（新版）のために書かれたが、いろいろな事情から出版されずにいたものである。ここに、こうした形で収めることについてお許しくださった編者の両氏にお礼を申したい。

ぼくの関心が思いやり行動から社会的スキルに移ってきていることは、旧版のあとがきでも述べたが、その方向でまとめたのが『社会的スキルの心理学』（一九九四／堀毛一也との共編著）である。この編著は、本書の「社会的スキルのこと」からスタートしたものだが、今回は、ぼくの開発したKiSS-18のその後のことを加筆しておいた。

旧版を出版したのは、それまで二十八年も勤めていた福島大学から東京工業大学（人文社会群）に移った年である。東工大には六年いたが、四年前からは東北大学の文学部（日本語学科日本語教育専攻）で仕事をしてきた。そして今春からは、新設の岩手県立大学社会福祉学部（福祉経営学科）に移ることになっている。この十年ほど、何とも忙しい生活になってきた。

この間、一九九五年の十月には、島田一男先生が亡くなられた。先生との共著『国民性・民族性・地域性の心理』（性格心理学講座第二巻金子書房　一九六〇）は、ぼくにとって初めての公刊論文だった。その後も、いくつかの論文の共著者にさせていただいたり、翻訳のお手伝いをしたりもした。調査にごいっしょしたり、お酒の呑み方を教わったりしたことを含めて、いずれももう遠い想い出である。ぼくの現在あることの多くが、先生のおかげであることを、ここに記しておきたい。（そのことをお元気なころの先生に申し上げることができなかった。）

ぼくは、本書を含めて十二冊の本を川島書店から出版してもらっている。その全部について加清あつむ氏のお世話になった。この書店と加清さんなしには、ぼくの仕事はありえなかったことになる。心からお礼を申したい。本が出るまでのこまごましたことを今回も担当してくださった岡山和男氏にも、ありがとうを申したい。

一九九八年春
仙台・川内の研究室で　菊池章夫

☆

⑨デイヴィス、M・H『共感の社会心理学』（一九九九）川島書店／訳者あとがき

本書は、Davis, M. H.（1994）*Empathy: A Social Psychological Approach.* Westview Press. の全訳である。著者のデイヴィスが「まえがき」で言っているように、本書は「現在の共感研究についての全体的で読みやすい、そして手頃な要約を、教科書よりも高度なものとして提供する」ことを目指して書かれたものである。その目的はほぼ達せられたと言いたいが、正直なところ、決して読みやすくなかったし、手頃ともいえない。ぼくにとってこの訳書は九冊目のものだが、これまでの八冊にくらべても、かなりの難物であった。同じ「まえがき」のなかでデイヴィスは、自分の研究のスタイルが自分の資質（気質や性格を含めたもの）からきていると言っているが、そのことは本書の論理の立て方や文章のスタイルにも色濃く反映されている。長いセンテンスとやや屈折した文体は、それを読みやすく・手頃なものにしようとしても、ぼくには手にあまるところがあった。

しかし見方を変えると、共感のように一筋縄ではいかないテーマの場合には、そして混乱したこの研究の現段階をやや力技でまとめようとするには、こうしたスタイルが必要なのかもしれない。ぼくが共感研究に関心を持つようになったのは、向社会的行動（思いやり行動）の動機を考えることでだが、この訳書を作る作業をしながら、自分の考えてきたことがかなりやわなものなことを実感させられた。たとえば7

章（愛他性と援助行動）で紹介されているような研究のあることは知ってはいたが、そこに書かれているようには突き詰めて考えてはいなかったというのが、正直なところである。このことを含めて、本書はぼくにとってかなりの重さのある訳書である。

訳文については、専門家だけでなく一般の読者にも読んでもらいたいという気持ちがあって、できるだけ読みやすいものにしようと努力した。たとえば、observer とか target といった概念は本書では基本的なものだが、それを「観察者」「目標人物」とはせずに、「見る側」とか「相手」とか訳したのはこの努力の一部である。そのことが、かえって訳文を難しくしているという批判が専門家の読者から出てくるかもしれない。

なお、この研究領域で使われる用語は一定しないことが多い。共感は empathy・同情は sympathy の訳語であるが、この場合にも完全にそうなっているわけではない。（倫理学者の中には、empathy は同情だという意見もある。）そのこともあって、新しく作成した索引の主な項目には英文を付けておいた。また文献については、それが主として紹介されているページを文献欄に示した。（言うまでもなく、この二つの工夫は訳書だけのことである。）

新設の大学（岩手県立大学）に移って、まえより自分の時間がとれたので、この数か月この仕事に集中することができた。読書とは「頭のなかで他人の馬車を走らせること」だといったのは、誰だったろうか。他人の書いた本を翻訳するなどというのはその最たるものだろうが、次回にはぜひ自前のクルマを走らせてみたい。
いつものことだが、川島書店の加清あつむ・杉　秀明の両氏のお世話でこの本は出版される。心からお礼を申したい。

一九九八年盛夏

岩手山麓の研究室で　菊池章夫

☆

⑩『社会的スキルを測る：KiSS-18ハンドブック』（編著　二〇〇七）川島書店／まえがき

KiSS-18（Kikuchi's Scale of Social Skills:18 items）がこの世に生まれてからほぼ二〇年が過ぎた。この間、この尺度は多くの方がたに愛用されてきたが、その全容はぼくもよくつかんではいない。そうした見えない愛用者の方がたを含めて、多くのユーザーにお礼を申したい。本書は、これまでの／そしてこれからのユーザーの方がたの便利を考えて編集したものである。

本書のⅠでは、「社会的スキル再考」と題した堀毛さんとの対談を載せた。堀毛さんとは一三年前に同じような対談をしている〔菊池・堀毛（編著）『社会的スキルの心理学』川島書店〕ので、今回はそれから後の社会的スキル研究の動きを話すことになった。堀毛さんの再度のご協力に感謝する。

Ⅱには、ほぼ二〇年前のことを想い返しながら、この尺度の作成過程を述べた。

Ⅲの部分は、昨年の秋も深まった頃に、岩手大学で開かれたパーソナリティ心理学会の折のシンポジュウム「KiSS-18：その効用と限界」が基になっている。ぼくが企画したこの催しには、鈴木さん・田中（健）さん・三浦さんのお三方が話題提供をしてくださった。それ以外の三人の筆者──和田さん・津村さん・毛さんは、どなたもこの尺度のヘヴィー・ユーザーとして知られている人たちである。六人の筆者の方がたに感謝したい。

Ⅳは、ぼくが知る限りでのこの尺度を用いた論文や学会発表のまとめである。たくさんの見落としがあると思うので、お気づきの方はぼくまでお教え願いたい。

Ⅴにお書きいただいた方がたは、いずれも社会的スキル研究の最前線で仕事をされている研究者で、この研究領域の今後を見通すことのできるような視点を含んだものをお書きいただいた。勝手なお願いをかなえてくださった五人の筆者──相川・大坊・庄司・田中（共）・渡辺の皆さんに感謝したい。

〔資料〕には、この尺度の標準化についてのデータを収めた。この資料を収集してきた田中（健）さんのご協力で、貴重な資料を載せることができた。田中さんを含めての早稲田大学・小杉正太郎研究室（産業ストレス研究グループ）のご厚意にお礼申したい。

これまでのほぼ三五年間、ぼくの本の多くを編集し出版してくださっている川島書店の加清あつむ・杉　秀明のお二人に、今回もお力添えいただいた。重ねて「ありがとう」を申したい。

二〇〇六年　晩秋

菊池章夫

☆

⑪『社会的つながりの心理学』（二〇〇八）川島書店／あとがき：これでおしまい

「ぼくの社会心理学ノート」の③である。主にここ二〇年ほどの間に、あちこちで書いたもの・話したことを中心にまとめてある。これまでのものは「私の…」だったが、最近は「ぼく」と書くことが多くなっているので、このように替えてみた。とはいっても④はもうないので、これでおしまいである。

「社会心理学ノート」というサブ・タイトルは、五〇年近くの昔に東京教育大学の大学院でお教えいただいた宮城音弥先生のご本（『社会心理学ノート』河出文庫　一九五五）からお借りしている。先生にはその後、高校生向けの社会科の教科書を作るお手伝いをしたりもしたが、いずれも遠い思い出である。先生は三年前に、九七歳でその一生を終えられた。

大学院生だったその頃には、自分の名前が表紙に印刷されている書物をそのうちに一冊でも出せたらと思っていたが、どうにかその願いは達せられて、何冊かの著書や訳書を作ることができて幸いであった。本書は、その最後に近いものになるはずで、「これでおしまい」というのはそのためである。

ここに載せた元の原稿を作った際にお世話になった出版社などの担当の皆さんに、再録を許してくださったことを含めて、お礼を申したい。そして何よりも、ぼくの本の大半を編集し出版してくださってきた川島書店の加清あつむ・杉秀明のお二人には、今回もお力添えいただいたことに、こころからありがとうを申したい。お二人のご助力なしには、ぼくの若いころの夢想は達せられなかったことは確かである。

扉裏に記したたように、この本をつれあいの「のんさん」に贈りたい。遠い昔に初めて出会ったときから長い時間が過ぎたが、ぼくは自分の原稿の多くを彼女を最初の読者に想定して書いてきた。この終りに近い本の出版を、のんさんがよろこんでくれるよう願っている。

二〇〇八年初夏

福島の自宅にて　菊池章夫

☆

⑫コーエン、A・R　一九六四『態度変容と社会的影響』（未公刊）／あとがき

本書は、Cohen, A. R. 1964 *Attitude Change and Social Influence*. Basic Books, Inc. の全訳である。四〇年以上も前に出版されたこの本の訳書を作ったことについては、いくらか説明が必要だろう。

ぼくはこの春、一〇年近くの岩手への単身赴任を終えて福島の自宅へ戻ってきた。研究室と官舎にあった本や書類を自宅の書庫に詰め込むのが、ここ数か月の仕事である（四か月を過ぎた現在でも、この仕事は終わっていない）。その過程で、この訳書の原稿が書庫から出てきてビックリさせられた。原稿の前半は原稿用紙に移されていたが、後半は二冊のノートに下訳のままになっている。思い返してみると、この訳稿を作ったのは一九六五年から六六年にかけてではないだろうか。ぼくは一九六五年の社会心

理学年報六号の書評（B）欄に、この本の小さな紹介文を書いているので、そう考えて大きな間違いはないかと思っている。

この訳稿はいくつかの本屋さんに声をかけてはみたものの、出版されることがなかった。ぼくはその後一〇冊の訳書を出版しているが、いわばこれはぼくにとって「幻のゼロ冊目」の訳書なのである。半世紀近く前の訳書を読み返してみると、「ははーん」と感心するところもあるが、「おやおや」と思う部分も多い。そのなかには、今でもよく訳せない個所もいくつかあって、いったい一〇冊の訳書を作った経験は何だったのだろうと反省させられもする。いずれにせよ、遠い過去の自分の訳稿を手直しするという仕事は、ぼくにとって奇妙な日々だったことは確かである。

この訳稿を作ったことで、ぼくは実験的な態度研究をするようになったというのであれば面白いのだが、そうはならなかった。しかし今度の仕事をしてみて、ぼくがこの本からかなりの影響を受けていることに改めて気づかされはした。というよりは、ぼくのその後の考え方の大筋はこの本で決まっているとさえ感じてもいる。それは大きくいえば、「社会」心理学と社会「心理学」との狭間で仕事をするということである。それにもう一つ、ぼくは外国の雑誌をていねいに読んで仕事をするタイプではないので、この訳稿を作ったことで、その後の自分の仕事のスタイル（時折訳書を作って、その分野の勉強をする）が決まったという意味でも、これは重要な仕事だったといまにして思うのである。

こうしたぼくの事情は別にしても、この本を読むと、一九五〇－六〇年代がアメリカの社会心理学にとって実に刺激的で生産的な時代だったことがわかる。そこでは現在にまでつながる多くの問題が提起されているし、その大半について実験や調査のデータが次々に報告されている。何よりもそこから伝わってくる研究者たちの熱気には圧倒される思いがする。そして、半世紀を過ぎた今でも、当時のこの科学の基本的な枠組みの多くは変わっていないとさえ考えさせられる。（もちろん、情報革命に伴うヴァーチャルな情報環境の問題などの新しい課題は多いが、それもまた本書の枠組みのなかで考え直してみるのがよいのかもしれない。）

　こう考えると、この訳稿を印刷に付すのも意味のあることかもしれない。この本以後のこの分野の動向については、わが国でもいくつかの著書が出ているが、ぼくはこの点についてのそれ以上の情報をもってはいない。「はじめに」にあるように、著者が原本の出版を待たずに三六歳で亡くなっただけでなく、その「はじめに」を書いているフェスティンガーも後に心理学を離れて、さびしく亡くなったことを考えると、この訳書が日の目を見るのは感慨深いことでもある。

二〇〇七年盛夏　　菊池章夫

（結局は、この訳書は日の目を見ることはなかった。）

☆

⑬『社会化研究「序説」』（二〇一一）川島書店／おわりに

この本に載せたような文章をあちこちに書くようになったのには、二つのことが背景となっている。一つ目は、三回にわたって社会化についてのハンドブックを編集したことである。その内容は付表（省略）に示したようなものだが、その最初の本（一九七四）の章立てを決める際に参考にしたのが、

Goslin, D.(ed.) 1969 *Handbook of Socialization Theory and Research.* Rand McNally.

であった。ゴスリンのこの本は、社会化についてのハンドブックとして最初のもので、当時考えられるテーマを網羅的にそろえた感じがした。そのこともあって、ゴスリンほどではないにしても、重要なテーマは落とさないようにしようと気を使ったことをおぼえている。

二度目の試みである一九九〇年の本でも、編集の基本的方針は同じだが、当然のことながらこの間の研究の動向を反映させようとした。たとえば、認知的社会化や情報環境の変化などは、この時期に重要なテーマとなっていたものである。いずれにしてもこの二冊を作ったことで、社会化をめぐってのいろいろな話題についての原稿を、あちこちから書くことを求められるようになった。本書のⅠ部（社会化研究の射程）とⅡ部（社会化研究の展開）に収めたものがそれである。内容的には繰り返しが多いが、その時々でいくらかの工夫はこらしたつもりである。

最近になって、

Grusec, J. E. and Hastings, P. D. (eds.) 2007 *Handbook of Socialization Theory and Research.* The Guilford Press.

が出版されたのを機会に、三回目のハンドブック（二〇一〇）を作ることになった。グルセックたちのこの本は、ゴスリンの本以後四〇年目の社会化のハンドブックということになっている。そこでは、この間の心理学の研究動向を背景にして、進化心理学や行動遺伝学からの章が含まれている。また、以前の本とは違って必ずしも網羅的ではなく、トピック中心の編集になっているようにも見うけられる。ぼくたちの三回目の試みも、このことを受けた章立てを考えていることは、付表（省略）に載せた二〇一〇年の本の内容からわかるかと思う。

こう考えてくると、本書に収めた文章の多くは、ぼくたちの三回のハンドブックの「外伝」ともいえる内容になっているようである。ぼくは繰り返しこの三冊のハンドブックに立ち戻って、社会化のことを考えてきたことになる。そのことによって、多くのことを勉強させてくださった七〇人に近い執筆者の方々には、お礼を申さねばならない。

今回の本の背景として、二つ目に言わなければならないのは、政治的社会化研究のことがある。この方向での原稿を書くようになったのは、ドーソン、R・E&プルヴィット、K／菊池章夫（訳）一九七一『政治教育の科学――政治的社会化――』読売新聞社を出版したことが理由である。この分野の研究は、Ⅲ部（政治的社会化研究）にみられるように、一九六〇年代の「若者の反乱」への一つの応答として考えることができる。ぼく自身も、当時勤めていた大学でのさまざまな難問に戸惑いながら、それを理解する手がかりを政治的社会化研究に見出そうとしていたようである。
しかし当然のことながら、「反乱」が収まってしまう（本当に収まったたどうかは別として）と、このタイプの研究は下火になり、ぼくも急速に関心を失ってしまう。しかしその後も、ぼくの社会化への取り組みは、基本的にはこのドーソンたちの本が与えてくれた枠組みの中でやられてきたと感じている。
今回の本に「序説」というタイトルをつけたのは、ここに収めたものの大半が「本論」ではなく、その前の性格のものだからである。ごく一部を除いては、ぼくは社会化についての実証的なデータを集めて検討する研究はしてこなかったといえる。ぼくの関心は、多くの研究者たちの収集したデータを横目で見て、社会化の全体的な見取り図を描くことにあったようである。
この点に関連しては、一九九〇年版のハンドブックに載せた「社会化の問題」のほかに、同じタイトルのものを、
菊池章夫・斎藤耕二（編）一九七九『社会化の理論』有斐閣　一–一七
に書いているし、「ヒトが人になる」（社会化による人間形成）を、
菊池章夫　一九九三『社会的出会いの心理学』川島書店　七–三二
に載せた。（後者はもともとは、『文化と性格』文化人類学講座九巻　朝倉書店　のためのものだが、それは結局は出版されずに終わった。）
この三つの原稿は、本書のＩの議論とつながるもので、ある意味でここに収めたものよりもくわしい議論がされている。

ひとつ気になっているのは、本書での議論がぼくらの社会の情報化の趨勢をうまく取り込んでいないことである。メールやケイタイなどを通じてのヴァーチャルな人間関係と情報環境が、どのような効果を社会化の過程に与えているのかは、ここでは論じられていない。このことがかなり基本的な影響をもたらしているのは確かだが、それを論じる余力がぼくにはなかったのが残念である。

もうひとつのこととして、この四〇年間に、社会化のモデルの性格がやや変わったことが指摘できる。それはこの種のモデルが、一方向的（非対称的）なものから双方向的（対称的）なものへ変化していることである。エイジェント（たとえば親や先行世代）からその相手（子や後輩）への影響は、この間に前者から後者へという方向だけでなく、その逆の方向でも生じていることが問題になってきた。ぼくはこのことを、かなり早い時期に余暇的社会化について問題にした（本書五二ページ）が、同じことは情報化をめぐっても指摘できることである。こうした変化を十分に検討することができなかったのも心残りなことである。

こういうわけで、ぼくのやってきたことは、どう考えてもこの種の研究のとば口に当たるもので、「本論」は次の世代に任されているということかもしれない。しかし、一人の研究者がこの分野の全体をまとめようとするのは、ほとんど無謀なことでもあろう。三冊のハンドブックを作ったのは、この方向での試みであったと考えると、本書はこうしたハンドブックへの「序説」になろうかと思う。

三冊のハンドブックを共同で編集した斎藤耕二兄と、三冊目の編者に加わった二宮克美・堀毛一也の両氏に、「ありがとう」を申したい。

最初の原稿を採用していただき、今回は再録を認めてくださった金子書房・有斐閣・ブレーン出版・明治図書・学事出版・慶應義塾大学出版部・立命館教育科学研究所と福島大学教育研究所の担当の皆さんにお礼を申したい。

また、川島書店の加清あつむ・杉　秀明の両氏には、いつにも増してのご無理をお願いした。こころからお礼を申し上げる。

本書の作成過程の多くについてご助力いただいた風草工房の加清明子さんにも、感謝したい。

（二〇一一年早春）

☆

⑭バトソン、C・D『利他性の人間学』（二〇一二）新曜社／訳者あとがき

誰でもそうかもしれないが、自分が興味をもっているテーマについて次々に論文を発表している研究者がいると、あわててそれを追いかけようとしたりする。一九八〇年代のバトソンは、ぼくにとってこうした研究者であった。それに気づいたのはかなり後になってからであったが、彼の論文を遡って探し出し、コピーしてファイルにため込むことを続けていた時期がある。そのコピーを次々に読んだかといえば、そうはならなかった。その理由の一つは、ぼくが実験社会心理的手法に慣れていなかったことである。ぼくがこの手法（当時はまだこういう名前はなかったが）を使ったのは五十年以上も前

の卒業論文のときで、レファレンス・グループについての小さな実験でのことである。そこからぼくは実験社会心理学者になったということであれば話は面白いのだが、そうはならなかった。

結局、よく読まなくてはというコピーがたくさんファイルにたまった頃に、バトソンの最初の本（『利他性への疑問』一九九一）が出た。それではというわけで、ある本屋さんに頼んで翻訳権を取ってもらったが、この際にも、期限内に仕事に手をつけることができなかった。こういうわけで、バトソンという名前はぼくにとっては、どうにも避けて通れない鬼門みたいなものである。二宮さんから、バトソンがライフ・ワークに当たる本を出した、いっしょに訳本を作らないかという話が来たときには、これはやらなくてはならないなという気持と、これはしんどいことになりそうだという気持とが交錯した。この後の気持は確かに当たっていて、二宮さんもぼくも実験社会心理学者ではないし、この領域の現状がきわめて専門的でテクニカルなものになっていることは、本書にも見られるとおりである。こうした事情を背景に、一般の読者にも分かってもらえるように訳文を整えるのは、実にしんどい仕事であった。それが成功しているかどうかは、読者に判断していただくほかはない。

バトソンはこの本を自分自身のために書いたと言い、「年老いてわけがわからなくなる前に」これをまとめたかったとも言っている。数年前に、長年勤めてそこでこの本の実験の大半をやった大学（カンザス大学）を退職して、この本がまとめられている。引用された文献を見ると、その年次は出版間際にも及んでいて、バトソンが依然としてこのテーマに関心を持ちつづけていることがわかる。彼の生涯を通しての関心は一貫して共感－利他性仮説の確立にあって、ほとんどぶれることがない。あちこちのテーマを食い散らかしてきたぼくとは、まったく違った個性がそこにあると感じられる。こうして訳本を作り終えたのも、この強靭な個性に惹かれてのことかもしれない。ともあれ今は、長年の責務を果たしたような気がしている。

（菊池章夫）

☆

⑮『さらに／思いやりを科学する』（二〇一四）川島書店／あとがき

ぼくが思いやり行動に関心をもったのは、マッセン＆アイゼンバーグ＝バーグ（一九八〇）『思いやりの発達心理』金子書房という訳書を作ってからである。その段階でのぼくの興味はこのタイプの行動の社会化に向けられていて、必ずしも思いやりそのものにあったわけではない。それから三五年たってみても、その方向づけは変わっておらず、「思いやりの専門家」といわれると少し腰の引けるところがある。そうはいっても、『思いやりを科学する』（一九八八）『また／思いやりを科学する』（一九九八）（いずれも川島書店）を出したり、その方向での訳書を何冊か作ったりもしてきたので、この段階で考えていることをまとめてみたいと思ったわけである。

本書はこの『また／思いやりを科学する』の

改訂版になるが、『またまた／』とするのも重たいので『さらに／』とし、サブタイトルも「向社会的行動と社会的スキル」とした。いまは研究者としての仕事をほとんどやめているので、何か新しいことが書いてあるわけではない。思いやり行動の研究と社会的スキルの仕事とが、ひとりの元研究者のなかで、どう結びついてきたかを示すことができればと思っている。ぼくは自己意識的感情にも関心をもってきたが、そのことは共感の問題を考えることで扱うことにした。

具体的には、前著から「思いやりの実験から」「子ども同士の信頼感」などを除き、「思いやりの動機を探る（尺度から・感情の移行から・実験から）」「共感する／しないの心理」をつけ加えた。「KiSS-18研究の現状」は、『社会的スキルを測る：KiSS-18ハンドブック』（二〇〇七　川島書店）に載せた『KiSS-18研究の現況』に、近年の動向を大幅に加筆したものである。「社会的スキルのこと」「思いやり行動研究の問題点」でも、その後のことを加筆した。

ここに含めた文章の多くは、いろいろな編著や雑誌に書かせてもらったものなので、それぞれの折の編者と担当の方々にお礼を申したい。また、例によってご無理をお願いした川島書店の加清あつむ・杉　秀明のお二人、それにカバーのデザインをしてくださった加清明子さんに、感謝している。

二〇一四年初夏

菊池章夫

（付）著作一覧

（著書・編著書）

『ハンドブック　社会化の心理学』一九七四（斎藤耕二と共編著）川島書店
『価値の比較社会心理学』一九七五（L・V・ゴードンと共著）川島書店＊
『現代教育心理学』一九七七（編著）川島書店
『社会化の理論』一九七九（斎藤耕二と共編著）有斐閣
『増補版　価値の比較社会心理学』一九八一（L・V・ゴードンと共著）川島書店
『育つ・育てる』一九八三　川島書店＊
『ふれあいと思いやりの心理』一九八四　川島書店＊
『思いやりを科学する』一九八八　川島書店＊
『社会化の心理学ハンドブック』一九九一（斎藤耕二と共編著）川島書店
『思いやりの心理』一九九一　現代のエスプリNo.291（編）至文堂
『思いやりを考える』一九九一　淡交社＊
『社会的出会いの心理学』一九九三　川島書店

＊
『社会的スキルの心理学』一九九四（堀毛一也と共編著）川島書店
『また／思いやりを科学する』一九九八　川島書店＊
『社会的スキルを測る：KiSS-18ハンドブック』二〇〇七（編著）川島書店＊
『社会的つながりの心理学』二〇〇八　川島書店＊
『自己意識的感情の心理学』二〇〇九（有光興記と共編著）北大路書房
『社会化の心理学／ハンドブック』二〇一〇（二宮克美・堀毛一也・斎藤耕二と共編著）川島書店
『社会化研究「序説」』二〇一一　川島書店＊
『さらに／思いやりを科学する』二〇一四　川島書店＊
『もっと／思いやりを科学する』二〇一八　川島書店（本書）

（訳書）

ホールデング、D・H『訓練の心理学』一九六九（徳田安俊と共訳）産業行動研究所
キャントリル、H『火星からの侵入』一九七一（斎藤耕二と共訳）川島書店
ドーソン、R・E／プルウィット、K『政治教育の科学』一九七一　読売新聞社
モリソン、A／マッキンタイア、D『教授行動の心理学』一九七四（工藤正悟と共訳）岩崎学術出版社
マッセン、P・H／アイゼンバーグ＝バーグ、N『思いやりの発達心理』一九八〇　金子書

房＊

バーコヴィッツ、Ｌ『社会心理学入門』一九八○（斎藤耕二と共訳）サイエンス社

ブラウン、Ｇ『授業の心理学』一九八○（斎藤耕二・河野義章と共訳）同文書院

アイゼンバーグ、Ｎ／マッセン、Ｐ・Ｈ『思いやり行動の発達心理』一九九一（二宮克美と共訳）金子書房

デイヴィス、Ｍ・Ｈ『共感の社会心理学』一九九九　川島書店＊

ホフマン、Ｍ・Ｌ『共感と道徳性の発達心理学』二○○一（二宮克美と共訳）川島書店

バトソン、Ｃ・Ｄ『利他性の人間学』二○一二（二宮克美と共訳）新曜社＊

（＊付のものは、「まえがき」「あとがき」などが作った本たちに載せられている。）

初出・コメント・文献など

1 思いやりの問題〔思いやりの心を育てる（一）子どもと家庭　一九八二　一二月号・同（二）一九八三　一月号　を改題〕

訳書『思いやりの発達心理』を作ったことから、その後の四〇年ほどの間に思いやりをめぐって三〇編以上の論説やエッセイを書くことになったが、これはその初期のものである。

マッセン、P&アイゼンバーグ＝バーグ、N〔菊池章夫訳〕一九八〇『思いやりの発達心理』金子書房

高野清純『愛他心の発達心理学』一九八三　有斐閣

2 向社会的行動とは〔「向社会的行動」波多野・依田（編）一九八三『児童心理学ハンドブック』金子書房を改題。文末の「わが国での研究」の部分は除いた。〕

本文中で紹介した論文などは、元のハンドブックの文献欄で確認できる。また、その中でアメリカでの研究は、『思いやりの発達心理』で紹介されたものが多い。

わが国での向社会的行動研究の動向については、杉森・首藤両氏によるレヴュー論文がある。

マッセン&アイゼンバーグ＝バーグ『思いやりの発達心理』〔前掲〕

ラタネ、F&ダーリー、J（竹村研一・杉崎和子訳）一九七七『冷淡な傍観者』ブレーン出版
杉森伸吉「共感性と向社会的行動」（『児童心理学の進歩』三五巻　一九九六　金子書房　の七章）
首藤敏元「共感と向社会的行動」（『児童心理学の進歩』五〇巻　二〇一一　金子書房　の五章）

③ アイゼンバーグに学ぶ〔道徳教育　一九八九　一二月号〕

アイゼンバーグの話に出てきた改訂版は、その後に友人の二宮克美さんと訳を作ることになった。『思いやり行動の発達心理』がそれである。

マッセンとアイゼンバーグ＝バーグ『思いやりの発達心理』（前掲）
アイゼンバーグ、N&マッセン、P（菊池章夫・二宮克美訳）一九九一『思いやり行動の発達心理』金子書房
Eisenberg, N. 1986 *Altruistic Emotion, Cognition, and Behavior.* LEA.
菊池章夫　一九八八『思いやりを科学する』川島書店

④ 座談会／思いやり研究をめぐって〔星野　命・祐宗省三・原田純治・（司会）菊池章夫　現代のエスプリ　一九九一　No.291〕

星野　命・祐宗省三のお二人は、ここ数年の間に相次いで亡くなられた。ぼくの研究生活のなかでは、お二人はそれぞれに印象的な影響を残された研究者であった。もうお一人の原田さんとは、三〇年ぶりで連絡がとれた。

コメントと文献などは、本文中に載せてある。

5 **思いやりの心のなかは**〔TASC Monthly　一九九二　一一月号〕

バトソンは共感的配慮の感情が利他性につながること（共感－利他性仮説）を立証するのに、実験社会心理学的な手法を用いて、多年にわたってこころを砕いてきた研究者である。そのライフワークとでもいうべき著書を訳したのが『利他性の人間学：実験社会心理学からの回答』で、これまた二宮さんとの共訳であった。バトソンの研究の一部は、本章のほか「共感と思いやり行動―本当の思いやりはあるのか」でも紹介されている。

バトソン、C・D（菊池章夫・二宮克美訳）二〇一二『利他性の人間学：実験社会心理学からの回答』新曜社
Batson, C. D. 1991 *The Altruism Question.* LEA.
菊池章夫　一九九一『思いやりを考える』淡交社
菊池章夫「共感と思いやり行動―本当の思いやりはあるのか」高木修・竹村和久（編著）二〇一六『思いやりはどこから来るの？』誠信書房

6 **思いやり行動と性格**〔詫摩武俊（監修）二〇〇〇『シリーズ・人間と性格3　性格と対人関係』ブレーン出版〕

同じ趣旨の旧稿（一九八五）とは全く別の内容。自作の向社会的行動尺度（大学生版／一九八六）にかかわるデータが中心である。

アイゼンバーグ&マッセン『思いやり行動の発達心理』（前掲）

デイヴィス、M・H〈菊池章夫訳〉一九九九『共感の社会心理学』川島書店
菊池章夫　思いやりと性格　詫摩武俊〈監修〉一九八五『パッケージ性格の心理5　自分の性格と他人の性格』ブレーン出版
菊池章夫　一九八六　思いやりを測る　こころの科学　六号
菊池章夫『思いやりを科学する』〈前掲〉

7 思いやりに欠けるということ〈進路ジャーナル　二〇〇二　七月号〉

思いやりのことを、その欠けた状態から書いてみた。面白いことがやれたと思う。

菊池章夫　一九九八『また／思いやりを科学する』川島書店
デイヴィス『共感の社会心理学』〈前掲〉

8 思いやりを育てる〈教育と医学　二〇〇六　一月号〉

これと同趣旨のものが「思いやりの発達心理」（一九八八）であるが、それは『また／思いやりを科学する』に載せられている。

菊池章夫　思いやりの発達心理　児童心理　一九八八　五月号
菊池章夫『また／思いやりを科学する』〈前掲〉
アイゼンバーグ＆マッセン『思いやり行動の発達心理』〈前掲〉

9 **共感：自己意識的感情として**〔有光興記・菊池章夫（編著）二〇〇九『自己意識的感情の心理学』北大路書房　所収の「共感関連感情群」を改題〕

ぼくが共感に関心を持ったのは、向社会的行動の動機としてであったが、それが自己意識的感情という新しい概念にまとめられるようになったのは、ここ二〇年ほどのことである。有光さんとは、自己意識的感情の尺度を作ったり、わが国で最初のこの本のプランを考えたりして、これまでにない体験をさせてもらった。

デイヴィス『共感の社会心理学』（前掲）

ホフマン、M・L（菊池章夫・二宮克美訳）『共感と道徳性の発達心理学』二〇〇一　川島書店

菊池章夫・有光興記　二〇〇六　新しい自己意識的感情尺度の開発　パーソナリティ研究　一四巻二号

菊池章夫　思いやり行動の動機『社会的つながりの心理学』二〇〇八　川島書店

菊池章夫・今　洋子　自己意識的感情での移行についてのノート　尚絅学院大学紀要　五七号（二〇〇九）

今　洋子・菊池章夫　共感疲労関連尺度の作成　岩手県立大学社会福祉学部紀要　九号（二〇〇六）

宮本聡介・太田信夫（編著）二〇〇八『単純接触効果研究の最前線』北大路書房

10 **積極的「傍観者」の話**〔二〇一六　東北心理学会七〇回大会記念講演／二〇一八　尚絅心理学論集　九号〕

この話をした頃にはこの学会の会員ではなくなっていたのだが、友人の大江篤志さん（同学会の理事長）から依頼があって、「なんでもよい」ということだったので、勝手な話をさせてもらった。そこからでき

た原稿を尚絅心理学論集に載せてくださったのは、以前に勤めていた尚絅学院大学の水田恵三さんである。お二人に感謝したい。

文献とコメントのなどは、本文中に記してある。

菊池章夫　二〇一八　積極的「傍観者」の話　尚絅心理学論集　九号

11 思いやり研究の半世紀〔教育と医学　二〇一七　一〇月号〕

この時の依頼は「思いやりの心を育てる」だったが、勝手を言って「思いやり研究の半世紀」に替えてもらった。文末に「向社会的行動を育てる」を書いたのは、こうした事情のためである。編集部の西岡利延子さんのご配慮にお礼を申したい。

ローゼンタール、A・M（田端暁生訳）二〇〇二『38人の沈黙する目撃者』青土社

ローゼンタールは当時、ニューヨーク・タイムズ紙の編集主幹だった人で、事件二週間後に一面下欄に載った調査報道の中心人物。この本はこの記事を発展させて、この年（一九六四）のうちに出版され、現在でも市販されている、この事件についての古典的著作である。

ラタネ&ダーリー『冷淡な傍観者』（前掲）

キティ・ジェノヴィーズ事件とそれにヒントを得たこの実験の現在までの評価については、レヴィン、M（藤島喜嗣訳）「緊急時の援助行動：ラタネとダーリーの傍観者研究・再入門」スミス、L・R&ハスラム、S・A（編）（樋口匡貴・藤島喜嗣監訳）二〇一六『社会心理学・再入門』新曜社　がある。

マッセン&アイゼンバーグ＝バーグ『思いやりの発達心理』（前掲）

アイゼンバーグ&マッセン『思いやり行動の発達心理』（前掲）

向社会的行動の定義はマッセン&アイゼンバーグ＝バーグ（一九八〇）のものであるが、そこでは四つ目の条件（自発性）は触れられていない。改訂版であるアイゼンバーグ&マッセン（一九九一）では、自発性がとりあげられている。また、この定義では「行動 behavior」ではなく「行為 act」が用いられているが、行為はその意図が自覚的な場合に使うのが一般的である。マッセンたちがこの点をどの程度意識していたかは、明確ではない。

Schroeder, D. A. & Graziano, W. G. (eds.) 2015 *The Oxford Handbook of Prosocial Behavior.* Oxford University Press.

このハンドブックは、向社会的行動研究が始まってからの半世紀で初めて出たものである。その書評を社会心理学研究の三一巻三号（二〇一六）に書いた。また、「向社会的行動を育てる」は、このハンドブックにあるアイゼンバーグたちの論文（6章）を参考にした。

サテル、S&リリエンフェルド、O（柴田裕之訳）二〇一五『その〈脳科学〉にご用心』紀伊國屋書店

作った本たち

この本の広い意味での背景として、自分が作った本たちの「まえがき」や「あとがき」一五編を載せた。

（付）著作一覧

著・編著二一点と訳書一一点のリスト

あとがき

『思いやりを科学する』の四冊目である。二冊目と三冊目とには、『また／』『さらに／』という上見出しがついているが、今回はある友人の示唆によって、『もっと／』にした。

一九八〇年に、マッセン＆アイゼンバーグ＝バーグの訳書『思いやりの発達心理』を出してから、思いやり研究についての論説やエッセイを書くようになって、その数は三〇編以上にもなる。そうした文章をその折々でまとめたのがこれまでの三冊なのだが、それぞれを一冊に作るのを意図して書かれたわけではないものを、あまり確たる方針もなしにまとめてきた気がする。そのために、そこからこぼれたものもあるし、近年になってからのものもいくつかあることに気づいたのが、四冊目の『もっと／』を出す理由でもある。

こうしたなかで古いものを読み返してみると、その頃から今もあまり考えていることに変わりがないことを知って、安心したりがっかりもしたりという体験をした。いずれにしても、『もっと／』といっても、もう新しいことは出てこないのが現状である。特にこの一年ほどは体調を崩していて、これでは『もっともっと／』はもう無理で、これで終わりとしたいというのが正直なところである。巻末に「作った本たち」をつけたのは、こうした気持ちからきている。

それぞれの章などを構成している旧稿について、再録をお許しくださったいくつかの出版社のご厚意に感謝したい。

今回もまた、川島書店の杉　秀明さんのご助力でこの本が出ることになった。長年のおつき合いにお礼を申したい。カバーのデザインをしてくださった加清明子さんにも、ありがとうを申したい。

菊池章夫

二〇一八年夏

著者紹介

菊池章夫（きくちあきお）

1935 年　盛岡市生まれ

社会心理学者

主な著訳書

『思いやりを科学する』1988（川島書店）

『また／思いやりを科学する』1998（川島書店）

『さらに／思いやりを科学する』2014（川島書店）

デイヴィス『共感の社会心理学』1999（川島書店）

バトソン『利他性の人間学』2012（共訳　新曜社）

（E-mail: kickan@zc4.so-net.ne.jp）

もっと／思いやりを科学する

2018 年 9 月 20 日　第 1 刷発行

著　者　菊　池　章　夫

発行者　中　村　裕　二

発行所　㈲　川　島　書　店

〒165-0026

東京都中野区新井 2-16-7

電話 03-3388-5065

（営業・編集）電話 048-286-9001

FAX 048-287-6070

印刷　製本・モリモト印刷株式会社

落丁・乱丁本はお取替いたします　　振替・00170-5-34102

＊定価はカバーに表示してあります

ISBN978-4-7610-0931-1　C3011